Matthias Sellmann

Was fehlt, wenn die Christen fehlen?

Matthias Sellmann

Was fehlt, wenn die Christen fehlen?

Eine „Kurzformel" ihres Glaubens

echter

Bibliografische Information der Deutschen Nationalbibliothek

Die Deutsche Nationalbibliothek verzeichnet diese Publikation in der Deutschen Nationalbibliografie; detaillierte bibliografische Daten sind im Internet über http://dnb.d-nb.de abrufbar.

4. Auflage 2026

Echter Verlag | Dominikanerplatz 8 | 97070 Würzburg
Tel. 0931 66068-0 | info@echter-verlag.de | www.echter.de

Umschlag: wunderlichundweigand.de (Foto: sot / gettyimages)
Innengestaltung: Crossmediabureau, Gerolzhofen
Druck und Bindung: CPI-books, Leck

ISBN
978-3-429-05559-2
978-3-429-06945-2 (ePub)

Inhalt

Vorbemerkung: ‚Theologie mit allen Sinnen …'

Liebe Leserin, lieber Leser,

Theologie hat nicht gerade den Ruf, besonders lesefreundlich zu sein. Viele denken hier als Erstes an große Worte in dicken alten Wälzern. Theologisches scheint schwere Kost zu sein, nicht gerade der leichte Leseproviant für zwischendurch.

Dieses Buch versucht daher einmal etwas Neues. Wir sind gespannt, wie Sie es bewerten! In Zusammenarbeit mit dem Echter Verlag und dem Bochumer ‚Zentrum für angewandte Pastoralforschung' (kurz: zap) legen wir einen theologischen Gedanken vor, der in gleich siebenfacher (!) Weise auch mit anderen Sinnen erschlossen werden kann. Das Experiment ist also eine Vermittlung von Theologie ‚mit allen Sinnen'.

Im Einzelnen:

1. Das Buch wird eine Kurzformel präsentieren, mit der man erstens verstehen kann, was Christsein überhaupt ausmacht; und zweitens, dass der Inhalt dieser Formel auch für Nicht-Religiöse gewinnbringend sein kann. Trotz ernsten Inhaltes bemüht sich das Buch dabei um leichte, allgemein verständliche und mitunter sogar saloppe Sprache.
2. Wer sich für die Fundamente der Kurzformel interessiert, kann ein dickeres Buch zur Hand nehmen. Dieses liegt seit 2023 vor.[1]

3. Zum Buchinhalt gibt es zwei Filme auf youtube. Da ist zunächst eine Theologische LateNightShow aus dem Oktober 2019. Existenztheologie vor der Kamera – das war ein spannendes Experiment! Gäste mit sehr plastischen Lebensgeschichten füllen die Begriffe der Kurzformel mit Inhalt. So erhält man biografisches Anschauungsmaterial zu den Inhalten dieses Buches.
4. Um der typischen theologischen Schwere zu entrinnen, tritt in dieser Show auch ein Comedian auf. Theologie sorgt für Witz, das ist doch mal was! Auch er orientiert sein Programm an der Kurzformel.
5. Wer Inhalte gerne musikalisch vertieft, wird auf einen Konzertfilm zur Kurzformel verwiesen, den wir gedreht und auf youtube gestellt haben. Man darf sich auf absolute Meisterleistungen von Chor und Orchester freuen. Interpretiert werden Werke von Johann Sebastian Bach.
6. Gibt es für die Augen-Leute auch Bilder, die die Kurzformel visualisieren? Hier geht der Dank an die Benediktinerabtei Kornelimünster. Sie haben uns die Bildrechte für den Elija-Zyklus ihrer Klosterkirche erteilt. Alle Bilder finden Sie im Internet.
7. Hören, Sehen, Lachen … nun fehlt noch der Geruchssinn. Ja, man kann theologische Inhalte auch zum Riechen bringen. Surfen Sie mal auf die Homepage https://zap-aerothek.de/. Dort erfahren Sie alles zur Umsetzung der Kurzformel in Raumdüfte zum Kirchenjahr.

Theologie mit allen Sinnen! Alle wichtigen Informationen zu den Internet-Fundstellen und Hintergründen finden

Sie im Buch selbst und direkt nach dieser Vorbemerkung als gut nachschlagbarer Überblick.

Gönnen Sie sich das volle Panorama!

Ihr Matthias Sellmann

Theologie mit allen Sinnen – alle Fundstellen auf einen Blick[2]

… die Kurzformel ***sehen***	Interviewfilme in der Theologischen LateNightShow ‚Sellmann's Guter Abend'	https://youtu.be/TX0z9tGxSo8 (Gehen Sie auf youtube; schreiben Sie in die Suchmaske: ‚zap bochum' und ‚Sellmanns Guter Abend')	
… über die Kurzformel ***lachen***	Comedy-Schnipsel aus der Theologischen LateNight-Show ‚Sellmann's Guter Abend'	https://youtu.be/TX0z9tGxSo8 (Gehen Sie auf youtube; schreiben Sie in die Suchmaske: ‚zap bochum' und ‚Sellmanns Guter Abend')	
… die Kurzformel ***hören***	Konzertfilm zu Johann Sebastian Bach	https://youtu.be/c_Xyx7bMu2E (Gehen Sie auf youtube; schreiben Sie in die Suchmaske: ‚zap bochum' und ‚Bachkantaten')	
… die Kurzformel ***sehen***	Bilder des Elija-Zyklus der Benediktinerabtei Kornelimünster	https://abtei-kornelimuenster.de/spirituelles/bilder-brooks-gerloff.html?view=article&id=171:elija-%E2%80%93-zu-den-altarbildern-von-janet-brooks-gerloff&catid=48 (googlen Sie: ‚Abtei Kornelimünster' und ‚Elija')	
… die Kurzformel ***riechen***	Das Projekt ‚Raumdüfte für Kirchen und kirchliche Gebäude'	https://zap-aerothek.de/	
… die Kurzformel ***studieren***	Das ausführliche Buch im Echter-Verlag	Matthias Sellmann: Geistliche Klugheit als Lebenskompetenz. Fundierungen einer Kurzformel des christlichen Glaubens, Würzburg 2023	

Vorwort zur 4. Auflage

Mit diesem Text wird eine schöne und eher selten gewordene Aufgabe für einen Theologen eingelöst: Ich reagiere auf die Bitte des Echter-Verlages, neu in etwas Älteres einzuleiten. Eine vierte Auflage des Buchs von 2020 soll erscheinen. Und da seit dem ersten Erscheinen vor nun etwa sechs Jahren viel in dem Thema umgebrochen wurde, worüber das Buch handelt, ist eine neue Rahmung und Einordnung des Inhaltes angezeigt.

Soll heißen: Der Gedankengang des Buches selbst wurde an nur wenigen und ausschließlich redaktionellen Stellen geändert. Nach einiger Überlegung glaube ich sagen zu können, dass sich die Grundthese weiterhin als robust bewährt, also unverändert vorgelegt werden kann. Ja, ich möchte sogar zeigen, und zwar ohne Rechthaberei, dass sie durch die letzten Jahre sogar noch an Belastbarkeit gewonnen hat.

Denn die Frage, was dann die geistliche Kraft des Christseins ausmacht, wenn sehr viel Gewohntes um- oder wegbricht, diese Frage hat in den letzten Jahren nun wirklich weiter an Dringlichkeit zugelegt.

Kurz: Es gilt, den Raum christlicher Spiritualität neu zu vermessen.

Das Thema des Buches und die Kurzformel christlicher Spiritualität

Das Thema dieses Buches ist die Suche nach dem substanziellen kulturellen Beitrag christlicher Spiritualität.

Dies ist eine sehr breit gestellte Frage. Wird sie in einem kleinen Buch zu beantworten versucht, muss man mit Allgemeinbegriffen arbeiten. Das Adjektiv *kulturell* soll daher alles umfassen, was als Beitrag zur allgemeinen Weg- und Handlungsorientierung einer Gesellschaft gelten darf; es steht hier als Sammelbegriff für ‚moralisch', ‚sozial', ‚mental', ‚geistig', ‚ethisch' usw. Als *substanziell* soll dieser Beitrag nicht deswegen gelten, weil er ‚exklusiv' erbracht wird oder gar ‚urheberrechtlich geschützt' sei oder ähnliches, sondern weil hier nach dem gefahndet wird, was das Christsein originär ausmacht und was es aus seiner eigenen Ursprungslogik (Karl Gabriel) heraus vor allem anderen als seine Sendung sieht.

Wenn also alles wegfallen würde, was man so gemeinhin an kulturellen Beiträgen des Christentums kennt: Kirchengebäude, Feiertage, Bibeln, Katechesen, religiös offene Verlage, sakramentale Feiern, Orgelkonzerte, theologische Fakultäten, Diakoniestationen, Telefonseelsorge, fromme Eltern, Gebetbücher, Zeitungsberichte über vorbildliche Christ:innen, TV-Übertragungen vom Papst usw. (hier kann jede:r die Aufzählung weiterführen) – was wird man weiterhin von jenen Mitbürger:innen erwarten dürfen, die sich auf Jesus Christus berufen? Und was werden diese von sich selbst erwarten?

Drittens: Natürlich gibt es, je genauer man hinschaut, *die* christliche Spiritualität nicht. Christsein hat enorm viele legitime Entfaltungen. Trotzdem ist die steigende Indifferenz und das wachsende Unverständnis gegenüber dem Christsein eine willkommene Gelegenheit, einmal nach dem grundlegend Gemeinsamem jenseits der zahllosen Varianten zu fragen und hier keine banalen Floskeln oder routiniert abrufbare dogmatische

Formeln zu liefern, sondern etwas, das existenziell funktioniert.

Das Buch schlägt nun vor, diesen substanziellen kulturellen Beitrag in einer bestimmten Lebensführungsklugheit zu suchen. Die typisch christliche Variante von Weisheit geht auf die Lehre, vor allem aber auf die gedeutete Lebens- und Glaubenserfahrung des Jesus von Nazareth zurück. Behauptet wird also eine Art *typisch christlicher Lebenskunst.* Sie ist sowohl individuell wie kulturell aktivierbar. Und sie wird mit folgender Kurzformel greifbar:

„Christsein ist eine bestimmte, nämlich geistliche Form von Klugheit (*Phronesis*). Diese Klugheit motiviert zu drei Kompetenzen, die sich im Vollzug dauernd wechselseitig ergänzen:

– Immer weniger wegrennen (*Physis*);
– Aus sich herauskommen (*Kenosis*);
– Kraft von außen aufnehmen (*Dynamis*).“

In welchen neu ausgemessenen Raum wird diese Kurzformel hineingesprochen?

0. Den Raum für christliche Spiritualität neu bestimmen – eine Gegenwartsanalyse

Die Kurzformel liest sich flott, setzt aber erkennbar klare Akzente. Ich nenne zwölf: Sie geht auf *Lebensführung*; sie will *existenziell funktionieren*; sie ist *konkret*, benennt Kompetenzen; diese sind an *Indikatoren* bestimmbar, also auch *erlernbar*. Die Formel ist *jesuanisch* rückbezogen und setzt mit den vier griechischen Wörtern wichtige *biblische Markierungen*. Sie fokussiert auf *Erfahrung* als den *dreifachen Zusammenhang von Erlebnis, seiner Deutung und des Ausdrucks seiner Deutung* in der Lebensführung. Nicht zuletzt will sie *einfach* verständlich sein. Vor allem aber wird ab der ersten Seite des Büchleins betont, dass das Funktionieren und der Nutzen dieser Weisheitskonzeption eben *nicht am religiösen Bekenntnis hängen*, weder zu Jesus als dem Christus noch zu einer Konfession oder einer Kirchenmitgliedschaft, sondern sie will gerade für Menschen erschließbar sein, die sich *weder religiös verstehen noch dies vermissen noch dies in Zukunft für sich einplanen.*[3]

Im letzten Akzent liegt das wichtigste Argument für meinen Vorschlag, die Kurzformel weiter so zu belassen wie vor sechs Jahren entwickelt. Denn wenn sich in diesem Zeitraum seit der ersten Auflage etwas verschärft hat, dann genau diese Bewährungsprobe, die christliche Basisüberzeugung (und die entsprechend ausgedrückte Lebensform) in eine Kultur hinein einzubringen, die diese in ihrer Mehrheit weder teilt noch begrüßt noch versteht. Auch schon vor sechs Jahren war natürlich absehbar, dass christlich geprägtes geistliches Leben unter enormen sogenannten Säkularisierungsdruck gekommen war. Aber gerade in den letzten Jahren ist dieser Druck doch durch markante Ereignisse und Entwicklungen angestiegen. Und genau darum braucht es eine neue Justierung nicht der Grundthese des Buches, sondern des Rahmens, in dem sie sich bewähren will.[4]

Drei Statik-Verschiebungen

Es sind vor allem drei Rahmen-Verschiebungen, die sich im Brennglas der letzten sechs Jahre deutlicher zeigen. Für das Folgende bleibe ich weiter in der Bildwelt von Rahmen und Bildern, füge aber die ganze Dimension der Aufhängung, der Hakensysteme, der Wandstärke usw. hinzu. So kann man sagen:

I. Kippende Wände des ganzen Hauses: Bestimmte externe und interne Umbrüche haben das kirchliche und theologische Trägersystem christlicher Spiritualität weiter destabilisiert und umfassend in Schieflage gebracht. Die Wände des Hauses kippen.
II. Wacklige Haken: Es zeigt sich immer deutlicher, wie stark christliche Spiritualität in überkommene volks- und gemeindekirchliche Routinen eingedübelt ist, wie materialmüde diese Dübel und wie wackelig daher die einsozialisierten Halte- und Hakenpunkten geistlichen Lebens geworden sind. Diese Haken kann man zunehmend weniger mit existenziellen Bedarfen belasten.
III. Suche nach neuen Tragekräften: Die Suche nach neuen Wandkonstruktionen, neuen Tragesystemen, neu-

en Verankerungen und neuer Haltekraft von neuen Haken ist eröffnet. Gerade die Bereitschaft zum Abschied von alten Befestigungserfahrungen kann den Blick öffnen: zum einen auf das, was neu in seiner Festigkeit erkannt wird; zum anderen auf das, was sich weiter bewährt, aber anders verankert werden muss. Diese drei Statik-Verschiebungen werden in den folgenden drei Abschnitten ausführlicher besprochen. Ohne die angebotene Bildwelt überstrapazieren zu wollen, kann sie sich augenzwinkernd auf den großen Erzähler Jesus von Nazareth berufen, den der Evangelist Matthäus wie folgt zitiert:

> 24 Jeder, der diese meine Worte hört und danach handelt, ist wie ein *kluger* (!) Mann, der sein Haus auf Fels baute. 25 Als ein Wolkenbruch kam und die Wassermassen heranfluteten, als die Stürme tobten und an dem Haus rüttelten, da stürzte es nicht ein; denn es war auf Fels gebaut. 26 Und jeder, der diese meine Worte hört und nicht danach handelt, ist ein Tor, der sein Haus auf Sand baute. 27 Als ein Wolkenbruch kam und die Wassermassen heranfluteten, als die Stürme tobten und an dem Haus rüttelten, da stürzte es ein und wurde völlig zerstört.

Man bedenke: Hier spricht der Sohn eines Zimmermanns, der von der Pike auf bei seinem Vater gesehen haben wird, wie Hausbau funktioniert! Auch wenn es im Zitat um das Fundament eines ganzen Hauses geht, dürfte klar sein, dass sich dieselbe Logik auch auf Wände und Haken übertragen lässt. Auch bei Befestigungssystemen kann man offenbar ‚klug' – hier fällt das griechische Wort ‚phronos' aus der Kurzformel! – oder töricht sein. Übertragen wird man sagen können: Niemand hängt die Last seiner Existenz an Wände und Haken, deren Mörtel und

Dübel porös und schwach geworden sind und die kaum noch echte Schwerkraft kontern. Klug ist man, wenn man sich neu auf die Suche macht nach geistlicher Kraft, die die ganze Wucht gelebten Lebens aushält.

Kippende Wände, oder: Die umfassende Verunsicherung der Trägersysteme christlicher Spiritualität

Unter der Metapher „kippende Wände“ sollen zuerst die aktuellen institutionellen und organisatorischen Bedingungen christlicher Spiritualität in den Blick kommen. In sechs Skizzen wird gezeigt, dass die letzten Jahre charakteristische Verschiebungen erbracht haben, welche eine bestimmte Diagnose noch klarer berechtigen als schon früher: Das Trägersystem für christliche Spiritualität in Form der verfassten Kirchen ist radikal und umfassend verunsichert; dies gilt verschärft für den hiesigen Katholizismus. Für das geistliche Leben heißt das: Es braucht eine Spiritualität, die in der Lage ist, das alte poröse Haus zu verlassen und an neuem Ort auf neuem Fels neue Wände hochzuziehen. Es ist ein Abschieds- und Exoduspunkt erreicht, an dem die kostbare Energie nicht mehr in die Stützung alter, sondern in den Aufbau neuer Wände investiert werden sollte. Die ehemals verlässlichen Haltekräfte eines volks- und gemeindekirchlichen Katholizismus sind zerbröselt; die Suche muss neuen Haltekräften gelten. Denen, die das alte Haus verlassen, steht es gut an, sich dankbar von jenem Gebäude zu verabschieden, das lange ein gutes Dach bot. Der Blick aber geht dann bitte entschlossen nach vorne.

Woran ist erkennbar, dass die Wände kippen? Dazu drei eher äußere und drei eher innere Beobachtungen.

Drei mehr äußerliche Verschiebungen rund um christliche Spiritualität

(1) Das Buch reagierte, wie seine Einführung zeigt, auf Meldungen zur *quantitativen Schrumpfung des Christentums in Deutschland*. Damals, im Schreibjahr 2019, wurde prognostiziert, dass der Anteil konfessionell Getaufter in der Wohnbevölkerung Deutschlands etwa im Jahr 2030 unter die symbolisch wichtige Marke von 50% fallen würde. Heute kann man sagen: Das war optimistisch. Denn die Mitgliedschaftskurve fiel schneller und exponentieller als damals gedacht. Dass Christsein ein statistisches Minderheitsphänomen ist, wissen wir nun schon seit 2021. Was macht das geistlich mit denen, die sich im langen historischen Gedächtnis als mehrheitsprägend erleben durften? Die sich wesentliche gesellschaftliche und politische Errungenschaften ganzer Jahrhunderte als eigene Leistung zugerechnet haben? Den Begriff ‚Diaspora' kannte man in den vielen traditions- und ressourcenreichen Pfarreien doch nur von den Berichten des Bonifatiuswerks, und er hatte meistens die mitleidige Tönung des Spendenbedarfs für Pendel-Busse. Wie wird man nun selbst diasporafähig?

(2) In die Jahre ab 2020 fiel die *Corona-Epidemie*. Diese hat auch in religiöser, kirchlicher und geistlicher Hinsicht tiefgreifende neue Erkenntnisse erbracht, viele in Form von erstaunlichen Brüchen und Abbrüchen. Viele haben an sich selbst festgestellt, wie gut sie ‚ohne' können: ohne Gottesdienst, eigenes Gebet, Kontakt zur Gemeinde. Dass die Kirchen in aller Öffentlichkeit bezweifelten, noch systemrelevant zu sein, hat zudem viel von ihrer Unsicherheit über den gesellschaftlichen Platz offenbart, den sie beanspruchen. Denn zum einen hat diese Klage ihren

massiven und ja hocherwünschten diakonischen Einsatz in der Epidemie entwertet – der anscheinend irgendwie nicht zur Kernidentität zu zählen schien. Zum anderen schien das, was als Kernidentität markiert wurde, nämlich Liturgie, Ritual und Gottesdienst, genau dann zu versagen, wenn eine ganze Gesellschaft in bis dahin nicht gekannter Weise nach Trost, Orientierung und Beheimatung ruft. Wie verarbeitet man geistlich eine so öffentlich gewordene Identitäts- und Stabilitätskrise?

(3) Seit 2019 bewegt sich die offizielle katholische Kirche in Deutschland auf dem sogenannten *Synodalen Weg*. Auch dieser hat, mindestens in den Kreisen Engagierter, für eine Neujustierung ihres Christseins gesorgt. Obwohl die synodalen Beratungen und Entscheidungen zwischen Bischöfen, Laien, Orden und Verbänden kirchenpolitisch sicher von historischer Bedeutung sind, und obwohl eine Art katholischer Demokratisierung von einer überwältigenden Zahl der Kirchenmitglieder gefordert wird[5], muss sich allerdings erst zeigen, ob auch eine synodale Kultur des gemeinsamen Christ- und Kircheseins greifen und prägen wird. Bei den vielen an der gemeindlichen und kategorialen Basis ist kaum etwas Konkretes vom Synodalen Weg angekommen. Zu groß erscheinen zudem die den Synodalen Weg auslösenden Enttäuschungen und Verstörungen über den missbräuchlichen Umgang amtskirchlicher Macht in sexueller, finanzieller, geistlicher und auch kommunikativer Hinsicht. Hier sind so große Beschädigungen vor allem des bischöflichen Amtes und seiner Reputation zu beklagen, dass eine simple Fortführung eines ‚Normalbetriebes' von Katholisch-Sein nach einer Art ‚synodaler Reparatur' für sehr viele unmöglich ist. Wie lebt man

geistlich in einer Kirche, deren Leitung sich sowohl personell wie strukturell so diskreditiert hat?[6]

Mit der Unterschreitung der 50%-Marke sowie den kollektiven Erfahrungen aus Corona- und Synodalitätszeit ist der gesellschaftliche Ort des Katholizismus und auch des Protestantismus in Deutschland neu bestimmt. Dies gilt mindestens äußerlich. Legt man erprobte Parameter zur Vitalitätsmessung von Organisationen an, fällt das Ergebnis bezogen auf die katholische Kirche besorgniserregend aus: die Mitglieder zeigen immer weniger Loyalität in Praxis (z.B. Gottesdienstbesuch) und Bewertung (z.B. Zustimmung zu Glaubenssätzen); die finanziellen Spielräume schrumpfen erheblich; das politische Gewicht erodiert; man hat enorme Rekrutierungsprobleme auf dem Arbeitsmarkt; und die Vertrauenswerte sinken auf epochales Tiefstmaß. Keine Frage: Schon von der äußeren Bewährung her haben die letzten sechs Jahre kontrastscharf verdeutlicht, dass der Katholizismus hierzulande vor einem Neuanfang steht, will er sich weiter als wichtiger Teil der Menschen und ihrer Lebensführung erweisen. Tragende Wände des Hauses kippen.

Drei mehr innerliche Verschiebungen rund um christliche Spiritualität

Der Hinweis auf die aktuell tief gesunkenen Vertrauenswerte taugt als Scharnier zu mehr nach innen gerichteten Beobachtungen. Sie alle laufen auf die bedrängende Wahrnehmung hinaus, dass es eventuell nicht nur historische, kontingente Entwicklungen sind, die christliche Spiritualität im Kern hinterfragen. Kommt eventuell das Bewährungsproblem aus der christlichen Großbehauptung selbst, also aus ihrem Gottesglauben selbst? Immer mehr Stimmen fragen an, ob das denn alles so weiter verkündet werden kann, was die Christen glauben: dass da ein schöpfender, bewahrender, aufmerksamer, kommunizierender, sogar rettender Gott existent sei; dass Gott von Menschen gefunden werden könne; und dass dieses Finden überhaupt eine wünschenswerte Qualität habe, sowohl für Findende wie für das Gemeinwohl aller. Unübersehbar melden sich im theologischen wie im philosophischen Diskurs die Einwände gegen ein Fortführen auch des intellektuellen ‚Normalbetriebes'; man fordert eine Reform nicht nur kirchenpolitischer, sondern auch konzeptioneller Natur. Jedenfalls ist unübersehbar, dass eine klare Mehrheit der Bürger:innen in Deutschland keinen expliziten Gottesglauben mehr teilt. Der faktisch von den meisten praktizierte weltanschauliche ‚Stil' kann als religiöse Indifferenz bezeichnet werden: Man verhält sich schlicht inaktiv, unengagiert, unaufgeregt und intellektuell achselzuckend zu religiösen Postulaten aller Couleur.

Dies weist hin auf mehr innere Verschiebungen, deren Entstehung viel älter, deren Kontur aber ebenfalls in den letzten sechs Jahren offenkundiger geworden sind. Auch hierzu drei Beobachtungen.

(4) In der jüngsten und statistisch hochqualitativen Kirchenmitgliedschaftsstudie 6 der Evangelischen und der Katholischen Kirche in Deutschland zeigt sich ein für Religionsgemeinschaften besonders bedrängender Befund. Er hat, wie ich als Anwesender bezeugen kann, etwa in den Reihen der Deutschen Bischöfe schockierte Betroffenheit ausgelöst: Die Deutschen zeigen derartig *niedrige Vertrauenswerte in die verfassten Kirchen*, dass man nicht nur von Allzeit-Tiefwerten, sondern sachgemäß eigentlich

von aktivem Misstrauen als meistverbreiteter Haltung sprechen muss.[7] Die Werte sind so gering, dass mindestens eine bisher gewohnte Interpretation nicht mehr zu greifen scheint: dass nämlich in statistisch signifikantem Maße unterschieden werde zwischen der christlichen Botschaft an sich und dem empirisch vorfindlichen kirchlichen ‚Apparat'. Ganz offensichtlich ist nicht nur das Vertrauen in das berühmte ‚Bodenpersonal', sondern auch in deren Botschaft gestört.

(5) Krisenhafte Befunde der Religionszugehörigkeit oder der daraus folgenden Praxis werden gängig unter dem Stichwort der *Säkularisierung* verhandelt. Unbezweifelbar kann man feststellen, dass in Staaten mit funktionierender Gewaltenteilung, der Garantie auf individuelle bürgerliche Freiheiten, dem Zugang auf Bildungs- und Arbeitsmärkte sowie der Chance auf Wohlstandssteigerung religiöse Zwänge abnehmen und weltanschauliche Vielfalt steigt. Hat man daraus in früheren Zeiten eine Art geschichtsphilosophischen Automatismus abgeleitet, dem gemäß Menschen desto areligiöser werden, je moderner ihr Lebensumfeld sich darbietet, so vorsichtig ist man hier geworden. Die Deutung der empirischen Befunde ist zwar hochumstritten und schon die Nennung der wichtigsten Positionen sprengte den hier sinnvollen Rahmen.[8] Für die Frage nach den neuen Bedingungen von (christlicher) Spiritualität ist aber der Beitrag des kanadischen Philosophen Charles Taylor wichtig: Dieser hat von einem eher jungen und gegenwärtig klar durchbrechenden Säkularitätstyp 3 gesprochen, der zwei frühere ergänzt. Typ 1 bezeichnet die Ausdifferenzierung von politischer, wirtschaftlicher, kultureller und anderer sozialer Sphäre und Religion; Typ 2 akzentuiert die faktisch wachsende Inkongruenz

aus religiösem Bekenntnis und konsequenter Praxis der Einzelnen. Typ 1 sagt also, dass Religion nur ein gesellschaftlicher Bereich unter anderen ist; Typ 2, dass immer weniger Subjekte religiös agieren.

Typ 3 wechselt die Ebene. Taylor beobachtet, dass immer mehr Individuen für sich das Recht in Anspruch nehmen, gegenüber allem Religiösen in einer Nicht-Beziehung zu leben. Religion ist einfach egal; man merkt weder, wenn sie sich meldet, noch, wenn sie fehlt. Taylor unterscheidet einen Wandel, „der von einer Gesellschaft, in der es praktisch unmöglich war, nicht an Gott zu glauben, zu einer Gesellschaft führt, in der dieser Glaube auch für besonders religiöse Menschen nur eine menschliche Möglichkeit neben anderen ist.“[9] Man spricht von der *Optionalität* jeglichen Glaubens: Religiosität ist eine Option unter vielen; dies auch für jene, die sich für eine von religiösen Glauben inspirierte Lebensführung entscheiden. Aber es dominiert eben die Option, gar keine Entscheidung zu treffen, weder dafür noch dagegen.

Der Befund ist ambivalent: Er deutet darauf hin, dass nicht nur spezifische Religiosität, sondern jedwede an sich ein Gegenstand freier selbstbestimmter Wahl geworden ist. Das wird man nur begrüßen können, sofern man ein positives Verständnis von Freiheit hat und sie nicht als Gegenspieler von Religiosität versteht. Allerdings ist auch deutlich, wie stark solche Äqui-Distanz zu allen weltanschaulichen Geltungsansprüchen zum einen selbst eine Art Weltanschauung darstellt – und zwar eine paradoxerweise sehr schnell fundamentale; und zum anderen, wie stark etablierte Religionsgemeinschaften jetzt ins Schlingern kommen. Ohne dies hier ausführen zu können, erschließt sich sicher schnell, wie ungewohnt Ignoranz als massenhafte Reaktion von denen erfahren werden muss, die sehr lange den Ton angeben konnten.

(6) Optionalisierung: Das klingt neutral, sozusagen nach friedlicher Ko-Existenz der Religiösen und der Nicht-Religiösen. Jede:r möge doch nach seiner Façon selig werden. Dies ist aber ein Missverständnis. Denn gerade die kulturelle Neutralisierung wird von Gläubigen oft als Nivellierung erfahren und ist eine enorme Provokation für alle, die aus einer Vergleichgültigung ihrem Glauben gegenüber eine Solidaritätspflicht für den von ihnen geglaubten Gott ableiten. Eine tiefgreifende *Polarisierung* des explizit religiösen und des implizit weltanschaulichen Feldes ist die sechste hier zu nennende Verschiebung des Bedingungsrahmens für christliche Spiritualität. Das Klima ist rauer geworden, empfindlicher, dünnhäutiger. Man reagiert sofort beleidigt, empört oder sogar aggressiv auf die Bestreitung der für das eigene Leben gefundenen Wahrheit. Dieser Verlust einer moderierenden Mittelsphäre im gesellschaftlichen Raum, diese lauernde Sprungbereitschaft im kulturellen Umgang gehört zu den meistbeschriebenen aktuellen Zeitdiagnosen – gerade in einer Bundesrepublik Deutschland, deren Stärke man jahrzehntelang in einer stabilen, ausgleichenden (und auch etwas langweiligen) Mitte festmachen konnte. Die schnelle, unentspannte Bereitschaft zur Polarisierung macht es zunehmend schwerer, an einer faszinierenden Vision des Zweiten Vatikanischen Konzils festzuhalten, in der es um einen bestimmten Stil der gemeinsamen Wahrheitssuche geht. Im Dekret zur Religionsfreiheit ‚Dignitatis Humanae' heißt es, die Wahrheit zwischen Menschen könne und solle „auf eine Weise gesucht werden, die der Würde der menschlichen Person und ihrer Sozialnatur

eigen ist", das heißt auf Wegen und in Formen, durch die sie „einander die Wahrheit, die sie gefunden haben oder gefunden zu haben glauben (!), mitteilen, damit sie sich bei der Erforschung der Wahrheit gegenseitig zu Hilfe kommen" (DH 3). Im Erleben polarisierter weltanschaulicher, religiöser und kirchenpolitischer Debatten wird man diesen klugen, weil so nüchternen Weg gemeinsamer Wahrheitserforschung kaum mehr als langweilig bewerten.

*

Auch drei mehr interne Entwicklungen lassen also die überkommenen Hauswände christlicher Spiritualität bröseln: Der generelle Vertrauensverlust in gesellschaftliche Institutionen, der sich im Misstrauen den verfassten Kirchen gegenüber auskristallisiert; die als Gleichgültigkeit erfahrende Säkularisierung; und die polarisierte Austragung von kulturellen Konflikten.

Die Haken wackeln, oder: Die entlarvende Auseinandersetzung mit religiöser Indifferenz

Was Charles Taylor in seinem großen Werk eher narrativ und abstrakt beschreibt, kann empirisch sehr klar gefasst werden. Gleichgültigkeit gegenüber allem Religiösen ist bei uns der meistverbreitete ‚Weltanschauungs-Stil'.

Dies ist von den Zahlen her keineswegs neu. Bereits seit Jahrzehnten liegen Berichte aus ehemals stark christentümlich geprägten Ländern wie Großbritannien oder den Niederlanden vor, in denen sich die sichtbare kulturelle Kraft des Christseins weitgehend erschöpft hat.

Trotzdem braucht es für eine allgemeine Bewusstseinswerdung oft mehr als Zahlen. Es muss ein Kairos hinzukommen: eine Story zu den Zahlen, eine:n Protagonist:in, eine Manifestation, einen Begriff. Ich erlebe die enorme Breiten- und Tiefenwirkung eines Buches des Pastoraltheologen Jan Loffeld als einen solchen Kairos, sozusagen als einen hermeneutischen Weckruf der Zahlen rund um religiöse Indifferenz. Loffeld titelt: ‚Wenn nichts fehlt, wo Gott fehlt'.[10]

Ein Buch weckt auf: Jan Loffelds ‚Wenn nichts fehlt, wo Gott fehlt'

Nicht alles ist für einen Bucherfolg vorhersagbar, und vor allem ist bei Loffeld natürlich die Qualität seiner Argumentation als Grund zu benennen. Das angesprochene Buch ist das Destillat seiner Habilitation, und es erhält von hierher einen beeindruckenden systematisch-theologischen Tiefenstrom. Aber hilfreiche Seiteneffekte kommen hinzu: Loffeld arbeitet in den Niederlanden und kann von dort sozusagen dreidimensional und durchaus alarmiert berichten, was sich hierzulande erst abzeichnet. Er ist Pastoraltheologe und nah dran an den Menschen, die sich in und für Kirche engagieren. Er ist katholischer Priester und von der Berufung her also klar kirchlich verortet. (Das schafft erfahrungsgemäß Vorschussvertrauen für die Lektüre theologischer Gedanken bei kirchlichem Führungspersonal.) Loffeld war zudem im Wissenschaftlichen Beirat der KMU 6 und bekam hiermit weitere Aktualität für seine Thesen. Im Team mit dem Verlag hat man zudem einen zündenden Titel gefunden, der ähnlich wie der hier vorliegende mit dem Verb ‚fehlen' arbeitet. Und: Loffeld entsagt dem typisch akademischen Schreibstil, schreibt mit allgemein zugänglichem Vokabular und riskiert damit, eher diffus als gar nicht verstanden zu werden. Er gibt sogar Einblick in seine persönliche Denkentwicklung, indem er zugibt, die Lage früher anders als heute zu bewerten.

Tatsache ist in der Summe all dieser Faktoren, dass Loffelds Buch zum wirkungsstärksten und auf allen Ebenen diskutiertesten theologischen Beitrag der letzten Jahre avancierte. Dies dokumentieren neben den Verkaufszahlen viele Rezensionen und Bezugnahmen in Zeitschriften, unzählbare Studientage und Fortbildungsveranstaltungen, wichtige akademische Podien und Debatten, geplante Übersetzungen und anderes mehr.

Hier kann es nicht darum gehen, sich mit Loffelds einzelnen Analysen auseinanderzusetzen. Es zeichnet einen soliden wissenschaftlichen Beitrag ja gerade aus, dass man in manchen, auch grundlegenden Fragen aus guten Gründen anders argumentieren würde.[11] Für uns ist einschlägig, dass sein Buch zum einen das Label der religiösen Indifferenz bewusstgemacht und als prioritäre analytische Ordnungsfigur etabliert hat; zum anderen, dass er davor warnt, auf diese Herausforderung mit nur weiterem kirchlichen und pastoralen Aktivismus zu reagieren. Er nennt das das ‚Optimierungsschema', und er meint damit: Selbst noch so exzellente und motivierte Arbeit an besserer Qualität kirchlicher Angebote wird die Krise nicht bewältigen. Warum? Weil das Problem woanders liegt, nämlich in der Gottesfrage. Besser: In der Gottes-nicht-mehr-Frage. Pastorale Optimierung unterschätze die Krise fundamental.

Mit Loffeld, aber auch über ihn hinaus, kann man für das Anliegen einer belastbaren, zukunftsfesten christlichen Spiritualität unter verschärften Rahmenbedingungen (siehe Abschnitt I) wichtige Einsichten beziehen. Um im Bild zu bleiben: Mit religiöser Indifferenz hat man sozusagen jenen verheerenden Faktor in den Blick bekommen, den im Vergleich der Borkenkäfer für das Waldsterben darstellt. Vor allem religiöse Indifferenz lässt also die Mauern bröseln und offenbart, wie wackelig die Haken christlicher Spiritualität werden, wenn die Gleichgültigkeit an ihnen zieht und zerrt. Dies aber kann Indifferenz nur deswegen bewirken, weil die Substanz des christlichen Glaubens erodiert ist.

Diese Erkenntnis ist schmerzhaft, aber wertvoll. Im zweiten Abschnitt will ich zeigen, dass eine Menge Haken unter der nagenden Wirkung kultureller Gleichgültigkeit instabil werden. Das ist entlarvend, denn gerade an dem, wo Widerstandsfähigkeit einbricht, erkennt man ja, worauf man seine Stabilität gebaut hatte. Religiöse Indifferenz hebelt vieles von dem aus und weg, was wir bisher für die Substanz christlicher Spiritualität gehalten haben mögen. Genau darum kommt aber in dem, was weiter übrigbleibt, Neues in den Blick. Dieses gilt es, künftig stärker zu profilieren und zu priorisieren.

Religiöse Indifferenz entlarvt verborgene Ressentiments und hebelt Routinen aus

Gerade die explizite Gleichgültigkeit unserem expliziten Glauben gegenüber deckt auf, wie sehr wir als Christen diesen unseren Glauben an Haken gehängt haben, die sämtlich aus ihrer Verankerung gelöst werden, wenn der Indifferentismus an ihnen herumzieht. Komplett frei heraus gesagt: Offenbar können wir alles besser vertragen, als dass wir Leuten einfach egal sind. Sie sollen bitte mit uns streiten, uns widersprechen, besser sein wollen als wir – aber gar nicht zu uns in die Arena steigen, ja: diese Arena noch nicht einmal zu besuchen, das ist dann doch des Guten zu viel. „Euch ignorieren wir nicht mal", ist das Motto – und das sogar ohne Rotz und Trotz. Nicht mal das.

Diese Form religiöser Freiheit weckt in uns eine Menge unattraktiver Reflexe. Wie in einem Katalog zähle ich nicht weniger als neun (!) solcher Aufhängungen in zwei Hakengruppen, die entweder künftig ersatzlos wegfallen oder neu justiert werden sollten.

Hakengruppe 1: Triumphalismus, beanspruchte mehrdimensionale Höherwertigkeit, Überbietung

(1) Immer wieder kann christlicher Glauben mit einem nur schlecht verhohlenen *Triumphalismus* daherkommen. Wie oft erhebt sich das gewohnte volks- und gemeindekirchliche Christentum gegenüber dem dann sogenannten ‚Nicht-Glauben', indem es ihn abqualifiziert. Dies kann intellektuell geschehen, indem man nicht-religiöses Leben als ‚oberflächlich' oder ‚geschichtsvergessen' abtut. In den meisten Ressentiments greift aber eine moralisch tiefergelegte Degradierung, die besonders demaskierend ist: Man vermutet bei Nicht-Religiösen Charakterschwäche, Neigung zum Hedonismus und zur Faulheit, mangelnde Werte- und Prinzipientreue. Nachweisbar ist dieser Grundzug etwa in der Analyse von Predigten oder katechetischen Impulsen. Firmlingen wird dann bestätigt, sie würden ihr Lebenshaus nun auf Fels statt auf Sand bauen (was ja sofort die Frage aufwirft, was hier als ‚Sand' gemeint ist); citypastorale Einrichtungen entwerfen sich

als Oasen in der Wüste; oder Neujahrspredigten arbeiten mit dem Oppositionsschema vom Licht des Glaubens in einer ansonsten nur dunklen Welt.

(2) Dieser moralisierende Blickwinkel kann sich sozialethisch aufbauen, wenn er generell Religion und hier besonders das Christentum als *entscheidende Ressource für den Zusammenhalt einer demokratischen Gesellschaft* erklärt. Brechen denn die Binnensolidaritäten zusammen, wenn nur noch wenige Getaufte in der Gesellschaft wirken? – Schon ein nur flüchtiger Blick in den Osten Deutschlands zeigt, wieviel weitere, nicht-religiöse, zum Beispiel proletarische Quellen von sozialem Zusammenhalt aktivierbar sind.

(3) Im Grenzbereich von Moral und Ethik liegt drittens eine bestimmte Glücksvermutung. Religiös Gebundene leben oft aus einem tief empfundenen Bewusstsein von ganzheitlicher Verbundenheit, Resonanz und Stimmigkeit. Hieraus kann schnell die Vermutung erwachsen, dass ‚wahres' Glück – übrigens eine ressentimentschwangere Wortwahl – nicht jenseits einer höheren, alles verbindenden Macht zugänglich ist. Man vermutet, dass nicht-religiös Gebundene *schneller in Sinnlosigkeit und Verzweiflung* fallen; schlicht, dass sie unglücklicher als man selbst sind. – Auch diese Unterstellung kommt schnell in empirisches Schleudern, etwa durch den Hinweis auf das sehr wenig religiös geprägte Finnland, das nun seit acht Jahren als das glücklichste Land im World Happiness Report gelistet wird.

(4) Moral, Ethik und Glückstheorie hängen an Menschenbildern; und auch hier bricht ein weiterer Haken einfach ab: Es war theologisch und religionsphilosophisch durchaus gängig, in der Anlage zur Religiosität eine anthropologische Notwendigkeit zu sehen. Menschen seien

eben *‚unheilbar religiös‘*, gekennzeichnet von einer nur transzendent stillbaren Sehnsucht. Die Folgerung ist schnell gezogen, sei es intellektuell bewusst oder mental-unbewusst: Menschsein ohne Religion ist irgendwie nicht ganz richtig, nicht ganz komplett, defizient. – Jede auch nur im Geringsten tolerante Begegnung mit einer religiös indifferenten Person zeigt sofort, wie erklärungsbedürftig und diskriminierend eine solche These erlebt wird.

(5) Das bisher in vier Punkten Referierte kann als *Ressentimentladung* analysiert werden. Gerade in der philosophisch-ethisch-moralischen Variante dieses Ressentiments blitzt ein bestimmtes Verständnis von christlichem Glauben auf, das so lange verborgen bleiben kann, bis es in eine neue Perspektive gehalten wird – wie etwa von religiös Gleichgültigen. Glaube scheint so etwas zu sein wie Besitz, den man sich (mühsam) erworben hat; den man gegen Widrigkeiten und Zweifel durchhielt, standhaft blieb; dessen Existenz also Verdienst ist, vielleicht sogar bürgerliche Pflicht. ‚Christenpflicht‘, das Wort gibt es ja wirklich. Glaube ist für die Einzelnen von Bedeutung, aber vor allem für die Gesellschaft, ihr Funktionieren. Glaube an Gott ist damit eine Art biografischer und charakterlicher, sogar staatstragender Leistung. Das Vorurteil ist dann: Wer diese Leistung verweigert, zeigt Arroganz, Schwäche, anthropologische Kurzsichtigkeit, bleibt etwas Wahres, Wesentliches schuldig, macht nicht mit beim gemeinsamen Projekt, überlastet die Willigen und Treuen.

*

Diese erste Gruppe von Haken, an denen volks- und gemeindekirchlich sozialisierter Glaube hängt, lässt sich durch manifeste empirische Studien, etwa zum bleibend hohen Engagementverhalten in postchristlichen Gesellschaften, und durch philosophische Rückfragen schnell und umfassend abmontieren. Es handelt sich hier in der Tat um ein mentales und habituelles Reflexbündel, das auf bestimmte Milieu- und Eliteprägungen verweist und wirklich jede Tragkraft verliert, wenn es stärker belastet wird. Es hat schon aus soziologischer Perspektive keinerlei Zukunft, weil sein demografisches und auch kirchensozialisatorisches Herkunftsmuster ausstirbt. Dass es für den kulturellen Dialog desaströs ist, wurde schon notiert. Vor allem sind aber auch glaubensinterne und theologische Nachfragen hochgradig angezeigt. Dies führt zu einer zweiten Gruppe von Glaubenshaken.

Hakengruppe 2: Gottesbild, theologische Antwortfähigkeit, sakramentale Sicherheit

(6) Sollte es überhaupt je berechtigt gewesen sein: Die christlichen Kirchen haben jede Legitimität für moralischen Triumphalismus verloren. Jeder Überbietungshinweis auf Moral, Zusammenhalt und Demokratie hat sich massiv selbst diskreditiert, seit die Kirchen ihre eigene *Versuchbarkeit zu vielfachem moralischem Missbrauch und seiner Vertuschung* offenbart haben. Dieser Missbrauch wiegt ja mehrfach schwer: zum einen gerade wegen des höheren moralischen Status, den man für sich reklamiert hat; zum zweiten, weil nicht nur vereinzeltes individuelles Fehlverhalten, sondern strukturelle Gründe der Kirchenverfassung nachweisbare Faktoren für die Übergriffe sind. Damit aber nicht genug: Die Frage wird gerade von religiös Indifferenten gestellt, ob nicht auch in der DNA des Christseins selbst Auslöser für schädigendes Verhalten implantiert sind. Mindestens wird man ja sagen können,

dass noch so bewusstes Christsein, zum Beispiel in Orden oder Priesterseminaren, wenig Kontroll- und Widerstandsfähigkeit gegenüber klerikalem und gemeindlichem Machtmissbrauch aktivieren konnte.

(7) Solche Nachfragen sind erkennbar unbequemer und provokanter. Denn sie lassen sich nicht einfach dadurch beantworten, dass man auf den Reformbedarf von Kirche und ihren Organisationen verweist. Dies wäre, siehe oben, ‚Optimierungsdenken', das, so Loffeld, bei weitem nicht mehr ausreicht.[12] Daher geht es nun in die zentraler gelegenen Kernregionen. Nicht nur, aber besonders die Verstörungen rund um klerikalen Machtmissbrauch offenbaren bestimmte *blinde Flecken der Gesamtkonzeption christlichen Glaubens*. So wird etwa in der ökologischen Debatte nach dem christlichen Verständnis von Umweltherrschaft gemäß dem Schöpfungsbericht in Genesis 1 gefragt. In der Genderdebatte kommen Körper- und Geschlechterkonstruktionen auf den Prüfstand; es muss problematisiert werden, wie der männliche Blick auf den weiblichen Körper durch Religionen sakral fixiert wurde und überwältigend normative Kraft bekam. Ohnehin ist neu fraglich, ob christlicher Vater-Glaube nicht bestimmte Autoritätsmodelle favorisiert und bestimmte Gewaltgeschichten vorgebahnt hat. Dies sind nur drei Beispiele. Sie zeigen aber, dass es gänzlich neuer konzeptioneller Anstrengungen bedarf, den originären Impuls des Christseins von seinen historisch-kontingenten Theoriebildungen unterscheiden zu können – und dies, ohne die Fiktion zu verfolgen, man könne irgendeine jesuanische Substanz freilegen, die jemals ohne Kontext daherkäme.

(8) Sind im Punkt sieben mehr externe Anfragen angeklungen, führt die Analyse logisch auch in die mehr

internen. Verfolgt man die einschlägige theologische Diskussion, muss man zu dem Schluss kommen, dass auch hier vieles neu unklar ist. Um im Bild zu bleiben: Viele Haken, die der normale Alltagsglaube in festem theologischem Zement verdübelt glaubte, sind alles andere als dies. Und es geht hier wirklich nicht um akademisches Glasperlenspiel, sondern um *Fragen, auf deren Antworten glaubende Existenz nicht einfach verzichten kann*. Über allem steht die Theodizee-Provokation. Hier hat man sich glaubend vielleicht schon daran gewöhnt, dass man einfach keine befriedigende Erklärung dafür angeboten bekommt, wie ein als gütig behaupteter Gott so viel Leid Unschuldiger zulassen kann. Mag sein, dass es Glaube sogar auszeichnet, in einem bestimmten ‚Trotzdem' zu glauben. Was aber ist mit der Unklarheit über das Bitt-Gebet, dessen Problematik eng mit der Theodizee verbunden ist? Wie überhaupt soll göttliche Vorsehung konzipiert sein, also die These einer Leitung und Begleitung durch den Geist Gottes? Woran will man eigentlich erkennen, dass jemand mit und aus Gott lebt? Loffeld selbst weist auf die Soteriologie hin: Das Christentum ist eine Rettungsreligion. Wie aber kann man nicht nur Indifferenten, sondern auch den glaubend Verbundenen selbst erklären, wovon man heute gerettet werden sollte, wer einen bedroht, und wie der Tod Jesu über die Zeiten hinweg bedeutend sein kann? Schließlich: Wie kann neu an Auferstehung des Leibes geglaubt werden – immerhin die eschatologische Zielbestimmung – wenn wir im Zuge der immanenten Technikentwicklung umfassend auf eine Weltnavigation mit digitalen Hologrammen und humanoiden Avataren zugehen?

(9) Zuletzt sei noch ein besonders wichtiger Haken vor allem der katholischen Spiritualität katalogisiert. Er zeigt,

dass sogar eine bestimmte *sakramentale Gewissheit* unter enormen Materialstress gekommen ist. Ich darf an dieser Stelle persönlich werden und bekennen, dass mir besonders diese Dimension der allgemeinen Glaubensbewährung das Ausmaß der anstehenden Neuorientierung wie in einem Brennglas aufgezeigt hat. Es hat mich wirklich erschreckt, wovon nun zu berichten ist. Als massive Infragestellung einer der typischsten Bestandsgrößen katholischer Spiritualität muss eine Abstimmung der Zweiten Synodalversammlung des Synodalen Wegs in Deutschland vom 1. Oktober 2021 gewertet werden. In der Debatte zum Grundtext des Forums II ‚Priesterliche Lebensform' wurde folgender Antrag gestellt: „Das Forum soll sich mit der Frage auseinandersetzen, ob es das Priesteramt überhaupt braucht." Diese Frage zielt ja nun wirklich auf die Fundamente, nämlich auf die sakramentale Verfasstheit der Kirche. Die erste Überraschung kam aus dem Forum selbst. Dieses ließ verlauten: „Die Antragskommission empfiehlt, diesen Änderungsantrag anzunehmen." Die zweite Überraschung war das Ergebnis der folgenden Abstimmung: Die Synodalversammlung stimmte ebenfalls zu, wenn auch so knapp wie bei keiner anderen Frage des gesamten Synodalen Weges.

Wie auch immer man diese Frage und dieses Ergebnis nun interpretiert: Hier zeigt sich eine tiefgreifende Verunsicherung über eine sakramentale Größe, eben das Priestertum, das fraglos als eine der typischsten Säulen der katholischen Glaubensarchitektur gelten darf. Diese Unsicherheit dauerte bis zur letzten Synodalversammlung an und darüber hinaus. Denn im März 2023 legte das Forum II zwar den Grundtext „Priesterliche Existenz heute" vor und bestätigte öffentlich, dass man sich in den

Expertenkreisen mit erheblichen Anstrengungen der oben erwähnten massiven Sinnanfrage gestellt habe. Allerdings musste der einführende Redebeitrag von Pfr. Matthias Leineweber einräumen, dass man nach wie vor „keine fertigen Antworten“ gefunden habe, was die „Ungewissheit widerspiegelt, die sich im gegenwärtigen Stand der Diskussionen zeigt“.[13]

*

Auch zu dieser zweiten Gruppe drängt sich ein Fazit auf: Loffelds Diagnose stimmt, dass der religiöse Indifferentismus keineswegs nur das äußere Gebäude angreift. Auch die innere Stringenz des christlichen Glaubens kommt neu und bedrängend auf den Prüfstand – also das, woran ein vitaler Glaube substanziell zu hängen scheint: inhärente Kontrollmechanismen gegen Missbrauch, logische Stringenz, Kompetenz zu relevanten Antworten auf Lebensfragen, Vermittlung sakramentaler Gewissheit. Niemand wird es harmlos finden wollen, wenn dieses Quartett an Tragkraft verliert.

Eine Chance zur geistlichen Selbstüberprüfung

Insofern kann der Dialog mit der religiösen Gleichgültigkeit in eine anspruchsvolle geistliche Selbstüberprüfung hineinführen. Eine solche ‚Révision de vie‘ ist ja für geistlich Geübte gängige Praxis. Es sieht aber so aus, dass die ganze Kirche in all ihren Präsenz- und Akteursformen auf all ihren Ebenen eine solche Reflexion braucht. Nach dem eben Gesagten stellen sich etwa folgende Fragen:

- Wie sehr braucht mein/unser Glaube die Sicherheit, dass die Mehrheit ihn teilt? Oder dass mindestens die Eliten der Gesellschaft ihn teilen?

- Wie sehr bringt es meinen/unseren Glauben durcheinander, wenn die Mehrheit ihn loswerden will; wenn man ihm eine heilvolle kulturelle Kraft gerade abspricht: sowohl für die Vergangenheit wie für die Zukunft?
- Wie robust ist mein/unser Glaube, wenn es unbequemer wird; wenn ich negativen Reaktionen im Umfeld begegne; wenn ich als nervend, hinterwäldlerisch, naiv usw. abgetan werde. Ja: wenn ich Zivilcourage brauche, um meinem inneren Kurs konsequent zu folgen?[14]
- Wie sehr bin ich/sind wir von Ressentiments geprägt (die ja meistens unbewusst wirken): Wie stark brauchen auch wir das Gefühl der Überlegenheit über andere? Wie sehr fühle ich mich wertiger gegenüber Personen, die scheinbar nur in den Tag hineinleben; die sich die großen Fragen nicht stellen; die ihre ethische Pflicht nicht erfüllen; die das Leben nur genießen wollen? Wie sehr denken wir in ‚die' und ‚wir' – und woran machen wir den Kontrast fest? Wie sehr brauche ich die Abwertung der ‚Säkularen' und den Hinweis, dass ‚die' ja schon deshalb nicht rechthaben können, weil auf Erden viel mehr Menschen religiös seien als nicht-religiös?
- Wie sehr ist mein/unser Glaube bereit, sich den bedrängenden intellektuellen Nachfragen, etwa nach dem Leid, der Rettung oder der Idee von Vorsehung, zu stellen und diese nicht einfach abzublenden?
- Wie sehr denke ich, dass mein Glaube etwas mit Leistung zu tun hat, mit Durchhalten, mit Charakterstärke, mit Pflichterfüllung? Wie sehr brauchen wir das Funktionieren von Kirche? Wie sehr brauche ich Kleriker und Hauptamtliche, um eigenständig und erwachsen glauben zu können? Wie eigenständig und robust war meine Spiritualität während der Corona-Jahre?

- Wie sehr ist mein Glaube offen für die Kontrolle auf Missbrauch, auf Übergriffe anderen gegenüber? Welche Privilegien leiten wir aus unserem Glauben ab?
- Wie sehr kann ich es aushalten, wenn man mir nachweist, dass tatsächlich Gott nicht notwendig ist, weder für die Klärung letzter Fragen, noch für ein moralisch integres Leben, noch für das Funktionieren des Gemeinwohls?[15]
- Das ist ein Katalog unangenehmer Fragen. Doch er steht im Raum, wenn die Gleichgültigkeit gegenüber dem und den Religiösen als Dialogangebot uminterpretiert wird.

Die Suche nach neuen Tragekräften: Die ‚Kurzformel' in aktueller theologischer Belichtung

In vielen Beiträgen zu Krisen und Chancen geistlichen Lebens wird die Ausgangsdiagnose geteilt: Die komplexen Herausforderungen an die Einzelnen sowie an die Gruppen, Organisationen und Strukturen sowie an die Reflexionsinstanzen wie Theologie oder Lehramt lassen sich in die eine integrieren: Es wird basal darum gehen, sich in einen neuen Anfang hineinzustellen. Um im Bild zu bleiben: Die weiter hohe Motivationsenergie und die im gesellschaftlichen Vergleich auch weiterhin durchaus komfortable Ressourcenlage sollten nicht in die Rettung der alten Wände und die improvisierte Reparatur der alten Hakensysteme investiert werden. So wie neuer Wein neue Schläuche braucht, so brauchen auch neue Erfahrungen und Bedarfe neue tragende Wände und Haken.

Viele Autor:innen umkreisen diese Notwendigkeit in Metaphern des Nullpunktes. Kardinal Marx spricht vom ‚toten Punkt'; Jan Loffeld sieht die Kirche in einem geschichtlichen Karsamstag; Tomas Halic sieht die Kirche im Übergang von der ‚Finsternis am Mittag' zu einer nachmittäglichen Epoche des Christentums; die KMU 6 spricht von disruptiven Abbrüchen; weitere bezeichnen die Lage in Anlehnung an ökologisches Vokabular als Kipp-Punkte.[16] Üblicherweise folgen dann Aufzählungen von ersten Orientierungsoptionen, Übergangshilfen sozusagen, Tastversuche aus der Lähmung heraus. Jan Loffeld etwa bietet in seinem Buch einen ganzen Katalog von Phänomen, die in neuer Plausibilität in den Blick kommen: so etwa eine spirituelle Kultur des Aufhörens; eine neue Priorisierung kenotischen Christseins und diakonischer Kirchlichkeit; die Wiederentdeckung des Storytelling in der Verkündigung; die entschlossene Hinwendung zur Ökumene, dies aber gleich als postkonfessionelle Bewegung; die Besinnung auf kontrastgesellschaftliche und prophetische Traditionen; die Fähigkeit zu vernetzter Pastoral.[17]

Solche Suchbewegungen sind äußerst wertvoll, schon deshalb, weil sie die Nullpunkt-Diagnose nicht mit einem Opferrollen-Reflex verknüpfen. Trotzdem beteiligt sich das vorliegende Buch nicht an diesen Bemühungen. Vielmehr soll die tiefere Ebene unter den Maßnahmen gefunden werden. Eine solche Vielzahl von Vorschlägen wird ja nur dann nicht zur überfordernden Aufzählung, wenn sie von einem fundierenden Grundgedanken getragen, wenn sie von einer bestimmten Konzeptentscheidung her systematisiert wird.

Das Buch verweist in diesem Sinne auf die Neuentdeckung des Weisheitspotenzials des Christseins. In der

Prüfung vieler möglicher und plausibler Vorschläge von Haltegründen neuer Wände und Haken eines zukunftsstabilen Christseins entscheidet sich das Buch für eine ganz bestimmte Variante – und bietet dafür Argumente an. Es regt an, das Christsein wieder und neu als Lebensklugheit zu entdecken, als Weisheitskraft, als Dreiklang von jeweils ineinander übergehenden Lebensführungskompetenzen. Dies wird spiritualitäts- und bibeltheologisch begründet, an Beispielen visualisiert und zur praktischen Umsetzung empfohlen – hier kurz und prägnant, an anderer Stelle ausführlich.[18]

Alles kondensiert in der Kurzformel des Christseins, die das Buch vorstellt. Für ein erweitertes Vorwort ist es daher naheliegend, auch hier nach Aktualisierungen und Fundierungen zu fragen, die sich in den letzten sechs Jahren ergeben haben. Gemäß der drei Lebensklugheitskompetenzen werden abschließend drei aktuelle Forschungsstränge skizziert. Mehr als Visitenkarten dieser Forschungen sind hier nicht angemessen. Aber sie lassen die Kurzformel tiefer verstehen.

(1) „Immer weniger wegrennen (Physis)" – Die Suche nach gemeinsamen Erlebnissen und Deutungen (Hans Joas)

Das Büchlein plädiert dafür, Neues zu erleben, indem man sich vom Leben treffen lässt – und eben nicht abhaut. Das, was sich als Aufgabe stellt – und sei es unangenehm – birgt die Chance darauf, sich selbst und Anderen gerechter zu werden, indem man immer weniger davor flieht. Oft ist diese Arbeit an einer immer realeren Begegnung mit der ‚Welt' eine Herausforderung des Gewährenlassens, weniger als eine des direkten Suchens und Gestaltens. Oft geht es eher darum, sich prägen zu lassen als selbst herausragend initiativ zu werden. Viele Weisheitslehren wissen, dass solche passivische Bereitschaft gar nichts mit Fatalismus oder schlechter Demut zu tun hat, sondern höchsten Selbstausdruck bedeuten kann.

Ein Autor, der diesen Zusammenhang von Selbsttranszendenz und Selbstbildung in den letzten Jahren immer wieder in vielen Beiträgen ausformuliert hat, ist der Sozialphilosoph und katholische Intellektuelle Hans Joas. Im Buch ist er bereits als Quelle erwähnt, und auch die letzten sechs Jahre haben neue umfassende Arbeiten hervorgebracht.[19] Es wird von Buch zu Buch immer deutlicher, welches Angebot Hans Joas der Theologie, aber auch der Kirche und dem einfachen Christsein macht, gerade gegenüber der durchgreifenden Gleichgültigkeit in religiöser Hinsicht. Zum einen ist Joas weit davon entfernt, in die billigen Apologetiken zu flüchten und die Funktionen des Religiösen in externe Effekte aufzulösen, etwa der ethischen Handlungsorientierung, der Welterklärung oder der Kontingenzbewältigung. Diese Leistungen sind klar auch von anderen nicht-religiösen Instanzen erbringbar, und man unterbietet das Potenzial von Religion ohnehin, wenn man es auf ein funktionales Epiphänomen anderer Größen reduziert. Auch kann nach Joas keine Rede davon sein, dass religiöse Freiheit und weltanschauliches Wahlverhalten die Ausbildung starker Werte verhinderten – was gerade kirchliche Meinungsführer immer wieder mal propagieren, wenn sie die sogenannte ‚postmoderne Beliebigkeit' polemisieren. Wer so urteilt, degradiert den Grundvollzug von ‚Glauben' zur kognitiven Operation oder gar zu einer Art moralischer Vorteilskalkulation.[20] Joas agiert also erkennbar gegen jede Form von anti-säkularem Ressentiment.

Umgekehrt wehrt er sich aber auch gegen die zu schnelle Akzeptanz eines umfassenden Relativismus. Scheinbar lässt dieser alles gleich gelten, scheinbar ist hier das Vollmaß an Toleranz. Aber genau in dieser prinzipiellen Absage an die Möglichkeit eines festen Haltepunkts ist ein regelrechter Optionalismus nah an einem Paradox: Die Absage macht sich selbst zum Haltepunkt, wird selbst zur Option, also zur Wahl, zur Deutungstheorie von gelebtem Leben und erlebter Welt.

In diese Mittellage will Joas hineinstoßen. Er sieht in der um sich greifenden Gleichgültigkeit „unerhörte Herausforderungen zu einer Neuartikulation des Glaubens"[21]. Der Weg dahin ist anspruchsvoll und spannend – und die Kurzformel ist von diesem Pathos geprägt. Joas regt an, „die Denk- und Erfahrungsbedingungen zu rekonstruieren, die religiös gebundene Menschen und andere heute miteinander *teilen*." Nicht die Unterschiedlichkeiten der Lebensdeutungen stehen also am Anfang, sondern die Gemeinschaft im Erleben. Universal menschlich ist nicht, das Leben religiös zu deuten; wohl aber, es zu erleben und zu erleiden. Mit der berühmten Eingangsformel der Pastoralkonstitution ‚Gaudium et spes' vom Zweiten Vatikanischen Konzil gesagt: Zwischen Religiösen und Nicht-Religiösen kann eine „engste Verbundenheit" dann herrschen, wenn man „Freude und Hoffnung, Trauer und Angst der Menschen von heute, besonders der Armen und Bedrängten aller Art" teilt. Die erste Frage ist dann nicht, ob jemand ‚richtig' oder ‚falsch' glaubt; sondern ob man im großen Umkreis der Kultur etwas Deutendes gefunden hat, die einem das Leben zu leben hilft und erklärt, welches man auch führen will.

Wenn die Kurzformel als erste Zielkompetenz das ‚immer weniger wegrennen' proklamiert, dann will sie diesen von Joas aufgezeigten Zusammenhang steigern: Sie will dazu motivieren, das eigene Leben bewusst, klug und entschieden zu ‚führen'; wer in dieser Weise immer weniger wegrennt, wird immer intensiver leben; er:sie wird immer stärker nach Deutungen fragen, denn er:sie wird sie immer mehr brauchen; er:sie wird immer stärker schwache Deutungen durchschauen; er:sie wird (hoffentlich) immer belastbarere Deutungen finden; und auf dieser Reise wird es immer bedeutender werden, andere Menschen zu deren Deutungsfunden zu befragen.

(2) „Aus sich herauskommen (Kenosis)" – Identität als Entgrenzung statt als Profil (Christoph Theobald)

An dieser Stelle kommt ein zweiter Autor in den Blick. Auch er war bereits Ideenanreger im vorliegenden Gedankengang, auch er fragt nach den Dialogchancen mit religiös indifferenten Personen. Die Rede ist vom deutsch-französischen Jesuiten Christoph Theobald.[22] Ein ausführlicher Aufsatz von ihm hat jüngst starke Resonanzen und theologische Reflexionen nach sich gezogen, die zu einem ganzen Buch zusammengestellt wurden.

Hier kann es nur um den Leitgedanken gehen; der aber ist kräftig. Theobald sieht den nötigen Neuanfang des historisch so überaus erfolgreichen Christentums in Europa in einer kompletten Umkehr. Es wird darum gehen, die Rollen zu tauschen. Bisher waren Kirche und christentümlich geprägte Kulturen dominant, tonangebend, struktursetzend. Und man hat sich an diese Position gewöhnt. In einer Metapher: Man war kultureller Großgastgeber, man war in der Lage, andere zu sich einzuladen. Das ging so weit, dass die ‚Gäste' es sich teilweise gar nicht leisten konnten, dieser Einladung nicht zu folgen. So war das Christentum stabil, gesichert, konnte auf großem Fuße das eigene Haus mit illustren Gästen füllen. Präzise beobachtet: Es konnte die anderen in Reaktion zu sich versetzen; diese waren genötigt, sich dem Gastgeber Christentum zu erklären und sich ihm gegenüber zu verhalten.

Die Situation heute habe sich zu der überkommenen einschneidend verwandelt, so der Jesuit. Er fordert die Umkehrung der Rollen: Das Christentum müsse nun erst selbst bei sich einkehren und sich „einmal selbst fragen, *worum es denn in ihrem Glauben geht*, (...) sich also auf einen kritischen Prozess der Selbstbesinnung bezüglich ihrer eigenen Glaubenswelt einlassen *und* sich gleichzeitig dazu von denen einladen lassen, die ihre Überzeugungen nicht teilen."[23]

Das Christentum müsse also zum Gast werden wollen; andere mögen nun Gastgeber sein. Es geht um das „Werben um Gastfreundschaft für unseren Glauben. Ich stelle die These auf, dass genau diese Form von ‚Entgrenzung' heute der konstruktive Beitrag des Christentums zur Gestaltung eines pluralen und menschenfreundlichen Kontinents vor globalem Horizont sein kann."[24]

Man sieht: Theobald sieht weiter einen möglichen kulturprägenden Part des Christentums – die Drift dieses Einflusses ist aber gedreht. Nun gehe es um die Kunst, so zu leben, dass man von Anderen und Andersdenkenden eingeladen wird – und zwar von jenen anderen, die dazu in keiner Weise verpflichtet sind oder werden.

In längeren Passagen kann Theobald zeigen, dass ein so positionsgedrehtes Christsein in authentischer Weise die große Geste des Jesus von Nazareth nachahmt, der ja bekannt dafür war, sich einzuladen. Man denke an die Zachäus-Geschichte – „Heute muss ich in diesem Haus zu Gast sein" (Lk 19,5); oder die Aussendungsrede an die Jünger mit dem Ziel, so zu leben, dass man in die Häuser aufgenommen wird (Lk 9). Theobald studiert das Phänomen der Gastfreundschaft; und er stellt dieses in den großen Zusammenhang des polarisierten Europas, das seine Identität über Abgrenzung und profilierter Identität zu suchen scheint.

In einem Lebensstil, der darin besteht, gerne zu Gast bei anderen zu sein, entdeckt Theobald eine alternative, gewaltfreie und überaus produktive Variante der Identitätsbildung. In diesem „Entbergungsraum"[25] kann das Christsein seine Substanz und seine Tradition neu entschlüsseln. Sogar Spitzenstellen des Zweiten Vatikanischen Konzils lassen sich als Werben um Gastfreundschaft neu entdecken.[26] Eine innovative Idee von Kirche wird sichtbar, geprägt von dauernder Lernbereitschaft und Lernfähigkeit sowohl des Lebens wie der Offenbarungsquellen: eine Kirche, die über den Glauben und den „elementaren Lebensglauben"[27] der Leute genauso staunt wie ihr großes Vorbild Jesus. Die Grundsignatur eines neuen Glaubens sei es, „sich von der eschatologischen Herrschaft Gottes in der Welt überraschen zu lassen."[28] Aktiver Generator für solches Staunen ist der Respekt vor der Lebensdeutungskompetenz der Leute:

> „Wenn die Christ:innen den soeben angesprochenen ‚Unterbrechungen' oder ‚Eröffnungssituationen' gastfreundlich begegnen, haben sie nicht nur die Rolle, im ‚Nächsten' Lebensglauben wachzurufen – ohne sich selbst an die Stelle des Anderen zu setzen –, sondern auch seine Sprach- und Interpretationskompetenz zu respektieren und in vielen Fällen erst zu ermöglichen."[29]

Eine große Metapher wird entwickelt: Das Christentum als der Gastgeber von gestern will gerne zum Gast des Gastes werden. Damit dies geschieht, muss behaupteter Wahrheitsbesitz zur geteilten Wahrheitssuche werden; muss sich theologisches Lehren in existenzielles Staunen verwandeln; muss Dialog die Form von Ko-Kreativität annehmen; ist religiöse Apathie kein Hinweis auf mangelnde Lebensklugheit; geht es nicht mehr um die Absicherung erworbener Pfründe, sondern um das gemeinsame Bewohnen der einen Welt.

(3) Kraft von außen aufnehmen (Dynamis) – Wollen, dass Gott sei (Tomas Halic)

Das dritte Moment der Kurzformel erschließt das eigentlich religiöse Versprechen. Dieses liegt ja erstens in der schlichten Behauptung einer Transzendenz; zweitens im Hinweis auf ihre Zugänglichkeit; drittens im rationalen Nachweis, dass Behauptungen 1 und 2 begründbar und methodisch erfahrbar sind. Christlich wird das Versprechen sogar steil gesteigert durch die reflektierte Erfahrung, dass diese Transzendenz sich ihrerseits der Immanenz offenbart: dass sie als göttliche Präsenz in eine heilsgeschichtliche Beziehung mit den Menschen geht, dass sie selbst Mensch mit einer eigenen Heilsgeschichte wird und dass sie in pneumatischer Wirklichkeit (Hl. Geist) dauerhaft ‚bleibt‹, wie der Evangelist Johannes das ausdrückt. Das Büchlein nimmt den Hymnus aus dem Philipperbrief als Urkunde dieser großen These des Christseins.

Das eigentlich religiöse Versprechen ist also, dass da ‚draußen‘ (theologisch: ‚extra nos‘) Kraft ist, dass diese gut ist und dass man sie als eigene Lebenskraft aufnehmen kann. Dies ist eine Verheißung, und daraus bestehen bekanntlich religiöse Sprechakte.

Die Begegnung mit Menschen in völliger Gleichgültigkeit gegenüber solchen Verheißungen hat es je schwerer, je stärker sie ihnen Bekenntnisse oder Praxen zumutet, die jenseits ihrer je persönlichen Lebensplausibilitäten liegen. Viele missionarische oder katechetische Gesprächsangebote sind daher induktiv oder korrelativ angelegt: Von eigenen Lebenseinsichten ausgehend sollen Analogien zu den christlichen Existenzdeutungen freigelegt werden. Die jüngere Diskussion solchen Vorgehens hat allerdings immer stärker eine innewohnende Paradoxie erkennen lassen: Welchen Mehrwert soll es haben, eine funktionierende Lebenslogik darauf hinzuweisen, dass ‚es' auch anders ginge? Und geht nicht der eigentliche Clou von Religion und Transzendenz gerade verloren, wenn man sie ganz aus dem Induktiven heraus erschließen kann? Wo ist da noch die Magie, die Überraschung, die Prophetie?

Viele kehren daher zu einer Art vormoderner Glaubenskommunikation zurück. Diese überspringt den eben skizzierten Gedanken von Christoph Theobald, dass die Interpretationskompetenz des lebensmündigen Anderen für die Tiefenerkenntnis des Christseins unhintergehbar ist. Stattdessen wird ein bestimmter Typus von Wahrheit postuliert und gefordert. Der leidenschaftliche Impetus dieses Vorgehens ist oft, das ‚Heilige Gottes' zu retten, seine Autorität und Unverfügbarkeit zu schützen und das Evangelium nicht einfach in immanentes Lebensgelingen aufzulösen.

Man kann von einer echten Aporie sprechen, wenn zwei redliche und nicht ersetzbare Motivationen sich nicht einvernehmlich ineinander integrieren lassen. Die unübersehbare und unglaublich anstrengende Polarisierung innerhalb der Kirche und der verschiedenen Varianten des Christseins folgt aus diesem Gegensatz aus induktiver versus deduktiver Gottesrede.

Die Kurzformel will eine Zwischenlage anbieten. In der Fachdebatte würde man von einer abduktiven Gottesrede sprechen. Dieser Begriff muss hier nicht vertieft werden. Es geht darum, sowohl den immanenten wie den transzendenten Pol der Gottesrede gleichermaßen als grundlegend und unverzichtbar zu betrachten und trotzdem in keine banale Harmonisierung zu geraten, die beiden Ansatzpunkten ihre Leidenschaft nimmt. Es geht um eine neue Konstellation, in die man sich und seine potenzielle Erfahrung bringt. Diese neue Konstellation wird in der Kurzformel über die ersten beiden Kompetenzen hervorgebracht.

Als Grundthese der christlichen Lebensklugheit wird entwickelt: Wer immer weniger wegrennt (PHYSIS-Kompetenz) und immer mehr aus sich herausgeht (KENOSIS-Kompetenz) wird etwas Positives erleben, was ohne diese beiden Schritte sich so nicht ergeben würde. Es gibt dafür keine Garantie, denn Gott ist unverfügbar. Aber: Die Kirche als jahrtausenderprobte und globale Glaubensgemeinschaft verspricht, dass die Wahrscheinlichkeit für dieses Neue und Positive steigert, wenn man sich aktiv und risikobereit in dieses Chancenfeld begibt. Genau gesagt, ist übrigens das Versprechen nicht, dass man explizit zu Gott findet – dies zu beachten ist für die respektvolle Begegnung mit religiös Gleichgültigen elementar. Verheißen wird, dass man mit jener Kraft in aktive Berührung kommt, die die Schöpfung und die Vollendung der Welt bewirkt.

Das Büchlein wird im letzten Abschnitt von Kapitel 2 davon sprechen, dass man sich über bestimmte Lebensführungsentscheidungen in eine neue Disposition zu neuen Lebenserfahrungen bringen kann – zum Beispiel durch Entscheidungen zu PHYSIS oder KENOSIS. Das ist ein sicher sperriger Begriff, der eventuell wenig dazu motiviert, Schritte in diese beiden Richtungen zu unternehmen.

Man kann daher erfreut sein, dass einer der bekanntesten geistlichen Publizisten unserer Gegenwart einfachere und wohl auch stärkere Worte für denselben Zusammenhang gefunden hat. Die Rede ist vom tschechischen Priester, Soziologen und Religionsphilosophen, Tomáš Halík. Sein Denken und Glauben ist unverkennbar geprägt von einschneidenden Erfahrungen als Untergrundpriester der tschechischen Kirche, als Gefährte und Berater Václav Havels und als jahrzehntelanger wichtiger Berater von Päpsten gerade zu osteuropäischer Kultur und Politik. Halík legt seit vielen Jahren hochanerkannte und populäre Bücher vor, in denen er die Gegenwartslage von Gesellschaft und Kirche mit großer geistlicher Kraft deutet. Erst jüngst hat er die aktuelle Herausforderung der Transformation des europäischen Christentums mit einem Bild der Wüstenväter als den Weg vom Mittag zum Nachmittag gedeutet.

Halík war Gast eines Kongresses, der die Erfahrung der Abwesenheit Gottes zum Thema hatte. Sein Beitrag[30] referiert die Großdiagnose rund um die immer stärker werdende Gleichgültigkeit gegenüber religiöser Lebensdeutung, wie sie in diesem Beitrag über Jan Loffelds Thesen referiert wurden. Und er stimmt dieser Diagnose zu. Mit seiner bildhaften Sprache formuliert er, dass wir Gott in der Tat nicht „in dem Souffleurkasten oder in dem leicht zugänglichen Büro des Regisseurs jenes Theaters finden, das ‚Welt' genannt wird."[31] Drastisch ist der Vergleich mit dem Isaak-Opfer, das fast von Abraham gefordert war: „Die Gläubigen sollten manche Vorstellungen über den himmlischen Vater töten und begraben." Und er fragt: „Wenn die ‚Verborgenheit Gottes' das *erste* Wort Gottes an uns ist, wo können wir das *weitere* finden?"[32]

Die Antwort, die der Text entwickelt, baut eine neue Disposition auf, einen neuen Erfahrungsraum. Dieser ergibt sich aber nicht von selbst, ist auch nicht nur ein kognitiver Denk- oder ein mentaler Haltungswechsel. Wie die Kurzformel dieses Buches ist der nötige Wechsel aktivisch. Er geht auf Existenz, auf Erprobung durch Lebensakte.

Halík zitiert Augustinus mit dessen bekannter Formel: „Volo, ut sis." Lieben bedeutet: Ich will, dass du bist. Solches Wollen eines Anderen bezeugt sich in entsprechenden Akten. Diese sind davon geprägt, dass der Andere sich in seinem Sein in jener Weise gewollt erfährt, die seine eigene ist. Er legt fest, wie er gewollt werden will – denn genau in dieser unverwechselbaren Einzigkeit besteht ja der Inhalt des Satzes: Ich will, dass *du* bist.

Auch Gottes Sein, so Halík, kann auf solche elementare Weise gewollt werden. Und auch dieses gottbezogene Wollen manifestiert sich als existenzielle Zustimmung, auch für Jene, die einfach zu keiner expliziten Glaubenserfahrung kommen können oder wollen. Er kann dann als „Durst nach Sinn, nach Liebe, Wahrheit und Gerechtigkeit verborgen sein"[33]; aber dieser Durst „dringt sicherer in das Herz Gottes vor als die rein rationale Zustimmung durch den Verstand mit den definierten Artikeln des Glaubens. Der von der Leidenschaft der Liebe durchdrungene und belebte Glaube bedeutet ein ‚Ja‘ nicht nur zu den Aussagen über Gott, sondern zu Gott selbst.“

Das ist die Überraschung: Es muss nicht der explizite und artikulierte Glaube an Gott das Erste sein, wenn es um eine Chance zur Aufnahme einer guten Kraft von außen geht, wie die Kurzformel sagt. Noch einmal Halík: „Erst in der Erfahrung der Liebe eröffnet sich ein Raum, in dem wir überhaupt den Sinn des Wortes ‚Gott‘ erblicken können.“

*

Der Raum, den die ‚Kurzformel‘ eröffnen will, hat sich nicht verändert: Es geht schlicht um einen Vorschlag, das Leben klug zu leben. Doch wie dieses erweiterte Vorwort darstellen wollte: Die Tür zu diesem Raum wurde in den letzten Jahren neu vermessen. Das ‚Haus‘ christlicher Spiritualität ist auf altem Fels neu zu bauen, damit es dem Bedürfnis nach gutem Leben neuen Halt gewähren kann. Neue Stabilität für alle ist zu gewinnen, wenn man christlicherseits den Mut zu einem neuen Anfang hat. Das ist, im Bild dieses Vorwortes, der Mut zu neuen Wänden, neuem Zement, neuen konkreten Trägern im Zement. Das Christsein der Zukunft wird stärker eines sein können, das den religiös Gleichgültigen ohne jedem Ressentiment begegnet; das nach den grundlegenden Erfahrungen Ausschau hält, die es mit allen anderen teilt (Joas); das sich in diese grundlegenden Erfahrungen der Anderen einladen lässt (Theobald); und das in diesem Dialog den Willen ausdrückt, dass Gott sei (Halík).

1. Einführung

Was fehlt, wenn die Christen fehlen? Zu diesem Buch

Die Nachricht machte schnell die Runde. Und obwohl sie viele hatten kommen sehen, markierte es doch einen echten Punkt, als es dann amtlich war: Voraussichtlich im Jahr 2033 werden weniger als die Hälfte der in Deutschland Lebenden zu einer christlichen Kirche gehören. So um das Jahr 2060 herum stellen sie nur noch ein Drittel.[34] Allein im Jahr 2019 haben mehr als 500.000 Menschen ihren Kirchenaustritt erklärt.

Solche Zahlen belegen: Christsein wird zum Minderheitenphänomen. Wir bewegen uns in die nach-christliche Gesellschaft.

Nun können sich die, denen etwas an Kirche liegt, die Fakten schönreden: Wo bitte steht, dass man Mehrheit sein muss, um präsent zu sein? Haben sich nicht auch andere schon gesundgeschrumpft? Hinfallen, aufstehen, Krone richten, weitergehen! Und überhaupt: Traue keiner Statistik, die du nicht selbst gefälscht hast …

Trotzdem – so richtiger Humor will nicht aufkommen. Und das übrigens auch bei vielen nicht, die in Distanz zur Kirche stehen und noch nie den Wunsch verspürt haben, hier Mitglied zu werden. Selbst rudimentäre Kenntnisse reichen, um die enorme kulturelle Zäsur zu bemerken, die diese Zahlen ausdrücken.

– Das große christliche Abendland mit der Prägekraft so vieler Jahrhunderte: Es soll vorbei sein?
– Die Power, die einen Kölner Dom gebaut hat: erschöpft?

– Die politische Intelligenz, die die europäische Idee und den Sozialstaat mitkonzipiert hat: erblasst?
– Die ehrfurchtgebietende Feiergemeinschaft, die einen Festkreis aus Weihnachten, Ostern und Pfingsten rund um die Welt gespannt hat und die sowohl in Palästen wie in Baracken Momente der Ewigkeit kreiert: nur noch Folklore?
– Dieser Erzähl-Container aus unendlich vielen Geschichten und Geschichtchen rund um Heilige und Möchtegerne, Alltagsweisheiten, Bauernregeln und Kalendersprüchen: sprachlos, auserzählt?
– Und nicht zuletzt: Diese seltsamen Typen, diese Christinnen und Christen, die oft so linkisch daherkommen, so modeunfähig und nervig weltverloren, die man aber andererseits oft auch als so enorm engagiert erlebt, so alltagstauglich; diese ambivalenten Gutmenschen aus der Nachbarschaft: Leute von gestern?

Ob man es nun bedauert oder nicht – dass sich da eine kulturelle Tektonik verschiebt, das dürfte klar sein. Ebenso klar ist, dass der Schnee von gestern heute nicht mehr nass macht. Wenn eine Kirche meint, sie dürfe aus den Errungenschaften von gestern Privilegien und Komfortzonen für heute ableiten, ist das ein Irrtum. Wir müssen alle nach vorne kommen – und wenn dafür die meisten im Christentum keine echte Ressource mehr sehen, muss man das wohl erst mal akzeptieren.

Trotzdem: Wenn schon Abschied, dann auch mit vollem Bewusstsein und an der richtigen Stelle. Und wenn schon nach-christliche Gesellschaft, dann *at it's best*. Soll heißen: Es wäre schade, ein Christentum von dem her in Erinnerung zu behalten, was für es selbst gar nicht die

Hauptsache war. Und es wäre schön, das zu behalten, was weiterhin seinen Nutzen bringt.

Das ist das Projekt dieses Buches. Es wendet sich an drei Gruppen von Personen:

- Denen, die gerne wüssten, was diese Christinnen und Christen so ausgemacht hat, möchte es Informationen geben, was fehlen wird, wenn diese Leute fehlen.
- Denen, die sich sicher sind, dass Christsein in ‚Moral' aufgeht, in ‚Dogma', ‚Kirche' oder ‚Gehorsam' oder dass man den Anspruch erhebt, mit einem bestimmten ‚Glauben' den ‚Weg' aus allen Schwierigkeiten gefunden zu haben, möchte es sagen: Weit gefehlt.
- Und denen, die selber Christen sind und die in den letzten Jahren durch so viele verwirrende Prozesse (Skandale um Missbräuche, Zusammenlegung von Gemeinden, Schließung von Kirchen, Fehlen von Priestern usw.) unsicher geworden sind, warum man überhaupt noch dabeibleibt, möchte es zurufen: Vielleicht darum.

Das Buch wird von jemandem geschrieben, der selber zu den Christen gehört. Der Autor ist einer dieser ambivalenten Gutmenschen. Natürlich ist es darum parteiisch. In Wahrheit will es dafür werben, die Option des Christseins für ein Leben auf der Höhe der Zeit für sich zu prüfen. Aber es entspringt einem bestimmten Zorn; und der macht (hoffentlich) die Energie des Buches auch für die aus, die keine Christen sind.

Christsein hierzulande ist nämlich zu einer Karikatur seiner selbst geworden. Es steht in einem Ruf, in den es nicht hineingehört – jedenfalls meiner Meinung nach. Christinnen und Christen werden als hüftsteif erlebt, als schnell beleidigt, oberlehrerhaft, vergangenheitsorientiert, langsam, überheblich, diskriminierend, autoritätshörig, lebensuntüchtig, bieder, blutleer. Sie scheinen auf der Bühne des modernen Lebens herumzustehen wie die Requisiten des Volkstheaters, die man wegzuräumen vergessen hat.

Für viele dieser Zuschreibungen gibt es gute Gründe und sicher auch viele unschöne Erlebnisse. Und trotzdem: Wer das Christsein weglegt, sollte sich nicht von irgendwelchen Papp-Kameraden befreien, sondern von jener realen kulturellen Kraft, die nachweislich eine Menge geschafft hat. Alles andere wäre ein zu billiger Gegner. Man bestreitet ja auch nicht die Schönheit Skandinaviens nur deswegen, weil man noch nie dort sein konnte.

Insofern freuen sich Buch und Autor tatsächlich vor allem, wenn die Karikatur des Christseins zugunsten eines realeren Bildes durchbrochen werden kann. Wenn es gelingen kann, die Aufmerksamkeit von Nicht-Christinnen und -Christen zu bekommen. An diesem Gespräch fehlt es nämlich. Das Minimum, was ich hier erzielen will, ist Respekt für eine bestimmte Form von Lebensklugheit, die das Christsein entdeckt hat und die – das ist versprochen – auch von denen genutzt werden kann, die keine Christen werden wollen. Das Gegengeschenk für diese wertvolle Dosis Lese- und Lebenszeit wird sein: Kürze; verständliche Sprache; Relevanz für existenzielles, freies, selbstbestimmtes Leben; ein Mix aus Information und Unterhaltung; Multimedialität (siehe die Vorbemerkung).

Die leitende Frage ist diese: Wie kommt man anständig und kreativ durch das eigene und durch das gemeinsame Leben? Und inwiefern kann Christsein hier inspirieren?

Damit sei bereits der erste Punkt gesetzt: Christsein ist eine Ressource für positive, gelingende Existenz. Und alles, was dazugekommen sein mag – komplizierte Dogmen oder schlichte Marienandachten, einschüchternde theologische Bibliotheken oder anpackende Sozialarbeiter-Nonnen, Weihnachtsläuten im Schnee oder Messdienerlager am See –, all dies will nichts anderes sein und bedeuten als eine Hilfe zum Leben. Noch der Gottesdienst, den man zur Ehre Gottes feiert und in dem eben nicht jeder Moment vor den Karren der gelingenden Biografie gespannt wird, entspringt einer existenziellen These: dass es nämlich zu sich hinführt, von sich wegzukommen.

Der übliche Beleg für diese Zentralstellung eines vollen, reichen, satten Lebens ist aus dem Neuen Testament der Ausspruch Jesu: „Ich bin gekommen, damit sie das Leben haben und es in Fülle haben" (Joh 10,10). Aus dem Alten Testament kann man dieselbe Idee über die Rede von der andauernden Schöpfung beziehen, der *creatio continua*. Den bekannten ersten Vers der Bibel „Im Anfang schuf Gott Himmel und Erde" kann man nämlich auch so übersetzen: „*Als* Anfang schuf Gott Himmel und Erde" – und schon nimmt das Ganze Fahrt auf. Leben ist Bewegung, Bewährung, Veränderung. Lebensfülle ist machbar, Herr Nachbar.

Aber Achtung: Hier wird es sprachlich schon brenzlig. Diese Rede vom ‚Leben in Fülle' oder vom ‚dauernden Anfangen' kriegt schnell Patina, klingt nach Predigt und Kalender und muss dringend aus einer drohenden Seichtigkeit gerettet werden. Daher schlage ich vor, einen weit unbequemeren Begriff anzupeilen: den der Lebensleistung.

Genau die Fixierung auf den Punkt der Lebensleistung ist dem Christsein hierzulande verlorengegangen. Darum wirkt es oft so einstudiert, weil man es wie einen Energydrink zu sich nimmt, ohne dass man für irgendetwas wachbleiben will.

Dabei ist es so simpel zu schreiben wie schwer zu tun: Menschen, wer und wo immer sie sind, müssen und wollen ihre Lebensleistung bringen. Ob wir es mögen oder nicht: Leben heißt performen. Je erwachsener Menschen werden, desto mehr geht ihnen auf, dass ihr Leben auf zwei Dimensionen eine Antwort geben muss: erstens auf die Belange anderer, ihnen zugeordneter Menschen, Situationen und Aufgaben (sei diese Zuordnung freiwillig und erfreulich oder nicht); und zweitens auf die in ihnen als Subjekte spürbaren Impulse, seien es Träume, Ängste, Grenzen oder Ideen. Menschen leben in dieser Doppel-Grammatik von ‚Widerstand' und ‚Impuls'.

Unsere Situationen sind das Material, das in dieser Grammatik durchzudeklinieren ist. Und die Vokabeln ‚Schönheit', ‚Krankheit', ‚Glück', ‚Liebe', ‚Versagen', ‚Armut', ‚Pflicht' usw. bilden manchmal Sätze mit Sinn – manchmal sogar stimmige Reime und ganze Gedichte –, oft, sehr oft aber auch versickerndes Geschwätz. Dann steht man vor den eigenen Lebenssätzen, sieht weder Satzbau, Punkt noch Komma und wünscht sich sehnlichst, dass kein Deutschlehrer um die Ecke kommt.

Man kann Bücher über Bücher darüber schreiben und Film über Film darüber drehen – es ändert doch nichts daran: Ein Leben lebt sich nicht von selbst; man muss Entscheidungen treffen, Antworten geben, Mitstreiter/innen finden, es mit sich aushalten und im Ganzen sein Glück versuchen. Und je mehr man sich dem stellt, desto mehr steht man in seiner Lebensleistung.

Und das heißt: Das Allgemeinste, was uns als Menschen verbindet, ist der Bedarf an Hilfen für die Lebensleistung. Darum ist jede und jeder interessant und nützlich, der hierzu einen Vorschlag einbringt: sei dieser philosophisch, religiös, skeptisch, lebenspraktisch, esoterisch, karrieristisch oder wie auch immer.

Die Christen gehören dazu. Sie haben eine Idee, wie ‚es' gehen kann. Und sie machen einen Vorschlag.

Die Christen und ihre Lieblingszahl: Drei

Diesen Vorschlag kann man nun in vielen Varianten rüberbringen. Das Christentum ist eine große komplexe Sache; es ist immerhin eine Weltreligion – und so viele gibt es davon nun auch nicht; es gliedert sich in unzählbare Konfessionen und Denominationen; es hat früher anders geschmeckt als heute; und natürlich hat auch noch jede und jeder seinen eigenen Reim aufs Leben, Christ hin, Christin her.

Um der Komplexität in diesem Buch gerecht zu werden, die Einfachheit aber nicht zu verlieren, möchte ich mir mit einem Projekt behelfen, das theologisch etwas aus der Mode gekommen ist: Ich werde eine Kurzformel ihres, der Christen, Glaubens entwickeln. So heißt es ja schon im Buchtitel. Was eine ‚Kurzformel' ist und was nicht, dazu später im nachfolgenden Kapitel.

Hier aber schon mal dieses: Wer den Christen begegnet, der stößt sehr schnell auf ihre Lieblingszahl – und das von

Kiel bis Garmisch und von Syrien bis Tokio. Es ist die Zahl Drei. Diese Zahl muss ihnen etwas sehr Wichtiges bedeuten. Und darum muss jede Kurzformel, die den Punkt treffen will, diese Zahl aufmerksam beachten.

Einige Belege. Die Christen feiern drei große Feste im Jahr, Weihnachten, Ostern und Pfingsten. Das sind ihre großen Christusfeste – die Zeit von Mai/Juni bis Dezember ist dagegen der Alltag, der ‚Jahreskreis'. Egal ob Dorfkapelle oder Dom, in ihren Kirchen setzen sie mindestens drei fromme Stationen in Architektur um: eine inszenierte Eingangssituation (Portal, Vorhof, Weihwasser), einen Durchgang (Prozession, Gabenbereitung, Interaktion), einen Vorleseort und einen Altar (Lesung, Gebet, Wandlung, Segen). In ihrer Hauptfeier, der sogenannten Eucharistie, bekennen sie in einem zentralen rituellen Gebet das ‚Geheimnis ihres Glaubens'. Es ist eigentlich selber eine Kurzformel (allerdings zu voraussetzungsreich), und zwar eine dreigeteilte: „(1) Deinen Tod, oh Herr, verkünden wir; (2) deine Auferstehung preisen wir; (3) bis du kommst in Herrlichkeit." Und nicht zuletzt bringen sie in das Gespräch der Religionen als Gottesvorstellung ein, dass ihr einer und einziger Gott in drei ‚Personen' (besser: Subsistenzen) antreffbar und wirksam ist: Vater, Sohn und Heiliger Geist. Die berühmt-berüchtigte Dreifaltigkeit.

Eine solche Häufung an so zentralen Stellen kann kein Zufall sein. Weitere Hinweise ließen sich anführen. Wir halten fest: Christinnen und Christen aktivieren zur Bewährung der Lebensleistung die Zahl Drei. Sie haben da irgendetwas entdeckt, was mit ‚Drei' zu tun hat.

Dies ist nicht banal und auch keine schlichte Mathematik. Es gibt buchlange Abhandlungen über das, was geschieht, wenn ‚der Dritte' dazukommt. Der große Begründer der deutschen Soziologie, Georg Simmel, hat zum Beispiel hierzu geforscht. Denn diese Zahl ist der Beginn des Sozialen: Sie fügt der möglichen Beziehung von jedem der ehemals beiden nicht nur einen weiteren Partner hinzu, sondern verändert auch die nun mehrfach möglichen Zweierbeziehungen fundamental. Es gibt jetzt Raum für Selbstfindung der beiden durch Öffnung; für Konflikt durch Verschließung; oder für Auflösung durch alternative Paarbildung.

Wie auch immer, dies ist keine Partnerschaftsberatung, und Soziologie ist zentral die Lehre von Organisation. Das Thema ist ‚Ressourcen finden für das Erbringen der Lebensleistung'. Und da lautet ein erster Beitrag des christlichen Vorschlags: Nutze die Prozessdynamik der ‚Drei'.

Die zentrale These: Christsein ist eine bestimmte Form von Lebensklugheit

Aus dem Fokus auf ‚Lebensleistung' folgt ein Zweites: Das, was wirklich fehlt, wenn die Christen fehlen, ist keine Lehre, sondern ein Weg. Das ist es, was uns abhandengekommen ist: Christsein ist eine klar fassbare Praxis. Eine Methode. Eine Lebensführungsweisheit. Eine Kompetenz. Dafür kann man werben: So wie man Lebensleistung nicht theoretisch, sondern nur existenziell performt, so kann auch eine kulturelle Ressource für Lebensleistung nicht irgendwie theoretisch genutzt werden. Keiner ist Christ im Schaukelstuhl. Man kann Wege schnell verstehen, und doch dauert es lange, sie zu gehen. Die Kenntnis des Weges hat die, die ihn gegangen ist, nicht der, der ihn auf irgendwelchen Karten nachschreibt.

Christsein, so die These hier, ist also erstens eine bestimmte Kompetenz, die man hervorragend dafür benutzen kann, seine individuelle Lebensleistung zu bringen und damit auch für das Gemeinwohl etwas beizutragen. So nämlich nutzt man die Dynamik der Kurzformel. Willst du deine Freiheit so leben, dass dein Leben im Ebenmaß zu dem deiner Leute gelingt und qualitativ gesteigert wird, dann prüfe für dich diese Kompetenz.

Und zweitens: Diese Kompetenz ist Ausdruck einer bestimmten Klugheit, also einer mentalen Ressource. Präziser: einer ‚geistlichen' Klugheit. Was dieses Adjektiv ‚geistlich' heißt, vor allem aber, was nicht, ist Gegenstand weiter unten in Kapitel 3.

Hier reicht für die Einführung, dass die beiden Begriffe ‚Kompetenz' und ‚Klugheit' wichtige Weichenstellungen der ‚Kurzformel' ausmachen. Zum einen sind es eminent auf Praxis hinzielende Substantive: Kompetenz ist das, was jemand kann; und klug ist die, die sich bewährt. Zum anderen aber geht es natürlich um Religiosität, wenn es um das Christsein geht. Man wäre schön enttäuscht, wenn sich das Lebenswissen einer religiösen Gruppe dann doch restfrei in säkulare Philosophie auflösen ließe. Auch wenn ich nichts vom obigen Versprechen zurücknehmen werde, dass sich die typisch christliche Lebensklugheit auch säkular *leben* lässt (worauf es im Projekt der Lebensleistung doch wohl zentral ankommt), so wäre es doch übergriffig in beide Richtungen, zu verschweigen, dass Christinnen und Christen diese Kompetenzen von ihrem Meister lernen, Jesus von Nazareth, den sie als präsent erfahren und als sehr, sehr kraftvoll.

Darum ‚geistliche' Klugheit. Dieser Vorschlag, Christsein elementar als eine Klugheit zu konzipieren, aus dem sich klare Kompetenzbündel folgern lassen, hat natürlich eine Spitze: Er will von vornherein verhindern, dass man im Christsein vor allem eine Ethik, eine Tugendlehre oder gar einen Benimm-Katalog vermutet. Das aber ist mit Sicherheit die Haupterfahrung vieler Leserinnen und Leser: dass das Christsein vor allem deswegen angeboten wird, damit man nichts falsch macht, nicht ‚sündigt', wie es dann heißt, dass man nicht aufbegehrt, sich im Zaum hält, keinen Ärger verursacht, nicht auf dünnem Eise wandelt oder den eigenen Trieben folgt. Christsein wird durch solch moraline Durchsäuerung zu einem ganz blutleeren Geschäft, völlig ungeeignet zum Bestehen eines Lebens, erst recht eines modernen, beschleunigten, technisierten Lebens. Das Ziel scheint darin zu liegen, einen Ball gar nicht zu treten, weil man danebenschießen könnte. Frommgesprochene Risikoangst beherrscht die Agenda; und das Ethos der Willfährigkeit lullt das gesunde Aggressionspotenzial ein, das auf Veränderung aus ist, auf Selbstwirksamkeit, auf *start-up* und auf die *once in your life-chance*.

Die Rede von einem Christsein als Klugheit steuert klar gegen solch eine kleinbürgerlich nörgelnde Gouvernanten-Ethik (Karl Rahner) – die übrigens erst seit dem 19. Jahrhundert triumphiert, seitdem aber einen langen Schatten wirft. Wir werden im Buch mit höchster biblischer Autorität sogar nicht einmal davor zurückschrecken müssen, dass es hier auch um eine bestimmte Bauernschläue geht, um strategische Intelligenz, um Durchsetzungsvermögen. Die Lebensleistung ist eben eine echte Leistung; Leistung aber ist, physikalisch gesehen, Arbeit durch Zeit; und man kann Religiosität auch so denken, dass sie zu einer Intensivierung dieser Arbeit aufrüttelt, statt vor der Knappheit der verfügbaren Zeit zu warnen.

Der Gedankengang in der Übersicht

Getreu dem Titel steht das Wort ‚Kurzformel' im Zentrum des Buches. Diese Formel wird sofort im nachfolgenden Kapitel 2 präsentiert.

Ist man ehrlich, muss man sagen: Mit diesem Kapitel könnte auch Schluss sein. Denn es wurde ja festgestellt: Leben muss man schon selbst; das Lesen wird die Mühe (aber auch den Spaß) nicht ersetzen; und Klugheit hat es an sich, dass man sie nur erlangt, wenn man riskiert, sie zu brauchen. Das Buch wird zeigen, dass auch geistliche Klugheit nur aus Risikobereitschaft resultiert.

Nimmt man nun noch hinzu, dass der Beweis für eine Erprobung der christlichen Lebensentdeckungen auch von nicht-religiös Gebundenen darin liegt, dass man ‚es' einfach tut, hat man einen weiteren guten Grund dafür, das Buch nicht bis zum Ende zu studieren. Trainiert wird das Ganze in realen Situationen.

Für die, die nach Kapitel 2 schon Lust kriegen, das Ganze auszuprobieren, hat das Buch bereits eines seiner Ziele erreicht. Es wird aber manche andere geben, die mit so viel Vorschussvertrauen doch etwas sparsamer sind. Man will ja nicht überredet, man will überzeugt werden.

Darum kümmern sich die weiteren Abschnitte. Kapitel 3 fokussiert auf das Adjektiv ‚geistlich'. Hier sind eine Menge Missverständnisse abzuwehren, bis man auch hier die Karikaturen hinter sich gelassen hat. Der Lohn:

Mit dem griechischen Wort *‚phronesis'* erhält man einen neuen und überraschend profanen Zugang auf etwas sehr Frommes.

Kapitel 4 löst ein, warum das Buch den Optimismus verbreitet, auch nicht-religiöse Personen könnten von religiösen Gedanken real profitieren. Neue Erkenntnisse über das, was religiöse Erfahrungen im Kern sind, lassen die Monopole erodieren und geben den Blick frei auf jene weltanschauliche Kreativität, in der wir alle längst stecken – und zwar gerne. Zudem zeigt der Blick auf die alttestamentliche Weisheitsliteratur, dass sogar die Bibel lange nicht so konventionell religiös ist, wie man eventuell dachte.

Kapitel 5 bietet die neutestamentliche Grundlage für die hier entwickelte Kurzformel. Diese wird ja nicht einfach am grünen Tisch entwickelt, sondern hat den Anspruch, authentisch die ‚Schrift und die Tradition' auszulegen, wie man theologisch sagt. Der Text, um den es geht, ist ein Lied, an das sich der Apostel Paulus im Gefängnis erinnert, als er um sein Leben fürchtet.

Nach Kapitel 5 ist etwa die Hälfte des Buches erreicht. Die andere gehört der weiteren Erläuterung der Kurzformel und ihrer Elemente. Drei weitere griechische Begriffe – alle abgeleitet aus dem Gefängnislied des Paulus – bilden die Kapitel 6 bis 8 und die Überschriften: *physis*, *kenosis* und *dynamis*. Sie stehen für die drei Kompetenzen geistlicher Klugheit: immer weniger wegrennen müssen; aus sich herauskommen; Kraft von außen aufnehmen.

Um diese drei Lebenskünste kreist alles. (Und da ist sie wieder: die Zahl Drei.) Wer sie hat und wer sie kann, ist ein Glückspilz. Sie sind das, was fehlt, wenn die Christen fehlen. Nicht weil sie diese Künste virtuos leben – das wäre vermessen zu sagen. Aber sie erinnern daran, dass es sie gibt. Und sie vermissen es, wenn niemand sie lebt.

Ihre Kurztitel heißen: *physis, kenosis* und *dynamis*. Sie alle ergeben die eine Klugheit (*phronesis*). Wer diese Klugheit lebt, so das Versprechen und die Erfahrung, füllt sein Leben und im selben Zuge, das ist das Schöne, auch das der anderen.

Einen Griechisch-Kurs bilden die Kapitel 6 bis 8 trotzdem nicht. Zwar werden die Begriffe gut erklärt; dann aber geht es bunter zu. Es wird gezeigt, wie große und wie normale Gestalten christlichen Lebens diese drei spirituellen Varianten umgesetzt haben. Und dann: wie *physis, kenosis* und Co. riechen (keine leere Ankündigung – reiben Sie mal an der beigefügten Postkarte!), wie sie aussehen, sich anhören, wie man mit ihnen Ernst und wie man mit ihnen *Comedy* macht. Eine multisensuale Präsentation also – da es um Lebensleistung geht, darf es schließlich nicht zu trocken werden.

Am Ende kommen in Kapitel 9 Abrundungen, Anwendungen, Überraschungen, Weiterleitungen.

*

So weit das Verlesen der Speisekarte. Bevor aufgetragen wird, vier kurze Klärungen:

- Um redlich zu bleiben, weise ich darauf hin, dass die Paderborner Pastoraltheologin Dorothea Steinebach bereits eine ähnliche Interpretation des Christusliedes vorgelegt hat. Davon bekam ich allerdings erst etwas mit, als ich schon in vollem Gange war.[35]
- Um den Lesefluss nicht zu stören, arbeiten wir mit Endnoten; und auch diese sind eher sparsam gesetzt.

- Um niemanden unzulässig zu adressieren, spreche ich mal weibliche, mal männliche Gegenüber an. Das geht durcheinander und ist sicher gewöhnungsbedürftig; es zerhaut einem aber auch nicht so die Sprache wie die dauernde Doppelnennung oder lange Endungen.
- Um unter den vielen, von denen ich als Autor profitiert habe, wenigstens drei zu nennen, danke ich hiermit ausdrücklich Björn Szymanowski, Hannah Wahlers und Stefanie Nüsken. Alle drei sorgen am Bochumer Lehrstuhl für eine großartige Arbeitsumgebung – sowohl was kritische Reflexion als auch was Logistik und Humor angeht.

2. Christsein als geistliche Klugheit – eine Kurzformel

Was ist eine Kurzformel des Glaubens?

Die kommunikative Idee des Buches ist es also, Christsein auf den berühmten Punkt zu bringen. Wie in einem Interview, in dem es wegen begrenzter Sendezeit heißt: ‚Kurze Antwort bitte'.

Ganz einfach ist das nicht; und wahrscheinlich gibt es *den* einen Punkt auch gar nicht. Allerdings stellt man schnell fest, dass man jetzt auch nicht der Erste ist, der auf die Idee knapper Reduzierung kam.

Was das Buch will, steht nämlich in der Tradition einer bestimmten Fingerübung der systematischen Theologie, für das Christsein sogenannte Kurzformeln zu finden. Viele große Denkerinnen und Denker haben sich an diesem Projekt versucht, das Christsein kurz und bündig auf den Begriff zu bringen. Die letzte große Konjunktur hatte dies in der hiesigen systematischen Theologie in den 1970er und 80er Jahren.[36] Das Projekt ist aber viel älter und gehört gewissermaßen zum Urimpuls der Christenheit. Schon bestimmte Credo-Formeln des Alten und Neuen Testaments sind Versuche, das Ganze des jüdischen oder christlichen Glaubens über ein besonders aussagestarkes Fragment zugänglich zu machen. Das Bundesprogramm der Zehn Gebote, die oftmalige Aussage „Jahwe, der Israel aus Ägypten herausgeführt hat" (Ex 20,2 u. ö.), die Formel „Jesus ist der Messias" (Apg 9,22; Joh 20,31) oder das paulinische „Jesus ist der auferstandene Herr" (Röm 10,9), all das kann man nennen. Die Geschichte der Kurzformeln ist eine Geschichte der expliziten Glaubensbekenntnisse, der Kurztheologien, der dogmatischen Grundprinzipien und Katechismen bis hin zu konzentrierenden lehramtlichen Texten oder auch zu Ordensregeln.

Sehr populär wurden die Kurzformeln von Karl Rahner (1904–1984). Er hat gleich mehrere verfasst. Eine frühe Fassung trägt den Titel „Kurzer Inbegriff des christlichen Glaubens für ‚Ungläubige'" und stammt aus dem Jahr 1964.[37] Augenzwinkernd nimmt man zur Kenntnis, dass Kardinal Karl Lehmann, ein Schüler Rahners, zu den *Kurz*formeln notiert: „Rahner setzt mit einer *längeren* Hinführung zum Geheimnis Gottes ein."[38] Und er kommt zu dem Schluss: „Karl Rahners Entwurf ist sicher in manchem begrifflich schwierig und für den Durchschnittsleser nicht leicht nachvollziehbar." Ob sein Mentor die leise Kritik vernommen hat? Jedenfalls fasst er sich später kürzer und bietet 1984 in seinem bekannten Werk „Grundkurs des Glaubens" drei weitere Formeln an. Eine, die sogenannte „anthropologische" Kurzformel, kommt dem in diesem Buch vertretenen Vorschlag sehr nahe (oder umgekehrt) und soll daher komplett zitiert werden:

> „Der Mensch kommt nur wirklich in echtem Selbstvollzug zu sich, wenn er sich radikal an den anderen wegwagt. Tut er dies, ergreift er (unthematisch oder explizit) das, was mit Gott als Horizont, Garant und Radikalität solcher Liebe gemeint ist, der sich in Selbstmitteilung (existenziell und geschichtlich) zum Raum der Möglichkeit solcher Liebe macht. Diese Liebe ist intim und gesellschaftlich gemeint und ist in der radika-

len Einheit dieser beiden Momente Grund und Wesen der Kirche.“[39]

Das sind starke Sätze. Und mit etwas Vertrauensvorschuss mag man heraushören, dass sie nicht leichtfertig hingeschrieben wurden. Theologisch gebildete Leserinnen und Leser sind solche Texte auch gewohnt – erst recht von Rahner. Und es gibt unzählige Beispiele von Leuten, für die Rahners Theologie wie ein Kronleuchter war, der das ganze Leben erhellt hat – selbst wenn man keine so tiefe Frömmigkeit hatte wie er. Aber: Sperrig ist diese Sprache schon. Für Nicht-Theologinnen und -theologen sicher zu sperrig. Man müsste sie aufwändig dekodieren. Diese Überlassung der Holschuld wird immer stärker als elitär und unhöflich empfunden. Wenn den Christen diese Essenz so wichtig ist, warum können sie das dann nicht allgemeinverständlicher ausdrücken?

Was zu der Frage führt, welchen Kriterien eine gute und taugliche Kurzformel genügen sollte.

Kriterien einer guten Kurzformel

Das Gespann Rahner/Lehmann hat sich diese Frage auch vorgelegt. Und sie kommen auf folgende zehn Kriterien.[40] Wir präsentieren sie im Schnelldurchlauf.

Eine gute Kurzformel sollte (1) *verständlich* sein. Das bedeutet schon einiges: Sie muss das Wesentliche vom Zweitrangigen unterscheiden helfen; die verwendete Sprache sollte die des zeitgenössischen Gebrauchs sein; es geht also um zupackende, griffige, wiederholbare Formeln; und diese sollten selbsterklärend sein. Gute Vorbilder sind

z. B. Marketing-Slogans oder appellative Formeln aus politischen Parteiprogrammen.

Die Formel sollte sich an (2) *normale und vielbeschäftigte Leute* richten, die sich bei weitem nicht nur für Religion oder Lebensphilosophie interessieren können. Dies betrifft auch (3) *Insider*: Kurzformeln sollten auch für sie leuchtstark sein. Der nächste Punkt: In Kurzformeln soll man nicht schon wieder doch alles ausdrücken wollen. Es dürfen also (4) *Aspekte fehlen*, sogar substanzielle. Gesucht wird keine kleine Dogmatik, sondern bewegliche, handlungsmobilisierende Sätze. Gleichwohl muss der Inhalt dieser Formeln (5) *auf die Mitte zielen*. Er sollte auf die Existenz gehen. Man wird nicht alles sagen, so Rahner, sondern einen Punkt bieten, von dem dieses ‚alles' in den Blick gelangt. Verboten ist dabei wilde esoterische Spekuliererei und nicht nachvollziehbarer Mystizismus. Das Christsein war zu allen Zeiten stolz darauf, sich philosophischen Respekt zu verdienen, indem es sich (6) *vernünftigem Denken* aussetzt.

Da die Kurzformel die Mitte ausdrücken will, wirkt sie (7) *kritisch* auf das ganze Lehrgebäude des Christseins zurück. Die Formel entlarvt sozusagen das Bei- und Blendwerk, das das eigentlich Wichtige im Laufe der Zeiten überwuchert hat. Kurzformeln müssen mobil bleiben und sind daher eher (8) *kurzlebig*. Sie passen, wenn sie es denn tun, jetzt, heute. Es ist ihre Stärke, nicht kanonisiert und musealisiert werden zu wollen, sondern je neu für ihre Zeit passender Ausdruck zu sein. Darum sind sie keineswegs nur kognitiv und wollen nur die eine Gehirnhälfte umgarnen. Ihr Ziel ist die (9) *praktische Einübung*, die Lust am existenziellen Ausprobieren.

Und zuletzt: Am besten drechselt sich jede Christin und jeder Christ (10) die *eigene, ihr und ihm zugewachsene Kurz-*

formel des Glaubens. So richtig spannend, sympathisch und authentisch ist ja oft das, was bei anderen durch deren Lebenserfahrung in eine ureigene, unverwechselbare Sprache gefunden hat. Niemand muss dazu eine Dichterin, niemand ein Theologe werden.

Ich liebe die folgende Geschichte, die ein gutes Beispiel für dieses letzte Kriterium, genau gesehen aber für alle zehn anbietet. Im Religionsunterricht für angehende Gesellen im robusten Gewerbe fleischverarbeitender Berufe fragt einer die Lehrerin: „Sagen Sie mal: Wer ist eigentlich diese Maria?" Gemeint war die Mutter Jesu. Die Antwort der Pädagogin kommt schnell, klar und ohne Zögern: „Doppelklick auf Gott."

Drei Worte, die, wie man hörte, funktioniert haben. Der Fleischergeselle hat zufrieden genickt. Keine lange Schwafelei, voll auf den Punkt.

Nichts gegen Rahner: Aber er brauchte 74 Wörter …

Die Suche nach einer pragmatischen Kurzformel

Ob das geschickt war? Zehn Kriterien aufstellen, gutes Beispiel bringen – all das kann ja auch kritisch gegen die Variante einer Kurzformel eingewendet werden, die jetzt und hier präsentiert werden soll.

Aber was soll's. Der große Rahner hatte schon seinen ersten Entwurf einer Kurzformel 1967 mit den Worten eingeführt: „Er ist nur dazu da, dass es viele schnell viel besser machen."[41] Das ermutigt doch.

Eine letzte Vorbemerkung muss aber noch sein. Meiner Meinung nach sind die meisten Kurzformeln, die im Angebot sind, zu voraussetzungsreich. Sie setzen oft bestimmte religionsbezogene Kenntnisse voraus, zielen den expliziten Glauben an Gott an oder modellieren die Kommunikationssituation mit den Zeitgenossinnen und Zeitgenossen sehr dramatisch. Es geht dann gleich um ein Gegenmittel gegen die existenzielle Verzweiflung, gegen die vorgebliche Öde der postmodernen Beliebigkeit oder gar die Sehnsucht nach Erlösung.

Ich meine: Das zielt zu schnell zu hoch. Auch wenn ich frei bekenne, dass mich der Glaube an den Gott der Christinnen und Christen sehr fasziniert, so weiß ich doch auch, dass mir alles erst so richtig aufging, als ich bestimmte Dinge real ausprobiert habe. Und sosehr ich mir wünschen würde, diese Gottesfaszination mit anderen zu teilen und gemeinsam mehr und mehr zu lernen, was alles drinsteckt – so wenig überzeugt es mich, dass mehr Wissen, mehr Glauben oder die Unterstellung, ohne solches Wissen und Glauben angeblich defizitär zu leben, der Weg zur Mitte des Ganzen sind.

Ich jedenfalls habe die Robustheit und Belastbarkeit des Christseins anders kennengelernt. Und der Gründer des Ganzen hat sicher nicht ohne Hintergedanken an prominenter Stelle formuliert: „An ihren Früchten werdet ihr sie erkennen" (Mt 7,16.20).

Was es braucht, und dafür werbe ich hier, sind lebenspraktische Kurzformeln. Man muss dazu motivieren können, welche biografische Praxis aus den Glaubensbegegnungen mit diesem Gott resultiert, also etwa: welche Selbstsorge; welches Zeitmanagement; welche Weisheit rund um Beziehungspflege und Gemeinwohl; welche Variante von Humor und Resilienz, wenn das Leben zuschlägt; welcher Umgang mit Scheitern und Feigheit; aber auch welche Strategie des Lebensgenusses, wenn man einen Lauf hat.

Ein solcher Typ Kurzformel ist dann gelungen, wenn er weniger zum Sammeln von Erkenntnissen oder zur Ausbildung von noblen Haltungen anregt als Lust verbreitet, sich handelnd etwas Neues zu erarbeiten, was im Leben funktioniert. Der attraktivste Begriff für eine solche ins Pragmatische gehende Kurzformel scheint mir der der ‚Kompetenz' zu sein. Darüber später mehr.

Aber jetzt ist (hoffentlich) die hier leitende Intuition klarer. Das Versteh-Material ist jedenfalls beisammen.

Christsein als Lebensklugheit in drei Kompetenzen: die Kurzformel dieses Buches

Hier die Formulierung der Kurzformel dieses Buches:

> Christsein ist eine bestimmte, nämlich geistliche Form von Klugheit (*phronesis*). Diese Klugheit motiviert zu drei Kompetenzen, die sich im Vollzug dauernd wechselseitig ergänzen: immer weniger wegrennen (*physis*); aus sich herauskommen (*kenosis*); Kraft von außen aufnehmen (*dynamis*).

Für die (oder den), die/der für ihre Lebenspraxis das Neue kennenlernen will, das angeblich von den Christen entdeckt wurde, lautet der Tipp: Informier dich noch etwas über das, was mit den Elementen der Formel gemeint ist; sprich vielleicht mal wen an, dem du eine gute Antwort zutraust; aber dann fang einfach mit einer der drei Kompetenzen an. Das Versprechen ist dieses: Du betrittst ein klar formatiertes Magnetfeld aus Weisheit und Erfahrung, das deine Fähigkeit zu deiner Lebensleistung steigert, diese immer feiner klärt und ausrichtet und dich immer anspruchsvoller in Beziehung setzt: mit dir, den vielen anderen, der ‚Welt' als solcher, deinem Leben.

Die Elemente der Kurzformel oder: Griechisch macht Sinn

Wie in einer Kurzgeschichte ist auch in einer Kurzformel des Glaubens jedes Wort wichtig. Die tragenden Begriffe lauten zum einen *phronesis*, *physis*, *kenosis*, *dynamis*; zum anderen ‚Klugheit', ‚geistlich' und ‚Kompetenz'.

Jedes Wort wird in den folgenden Kapiteln ausführlich erklärt. Zwei Pflichten sollen aber sofort erledigt werden.

Die eine hängt mit diesen unbekannten griechischen Wörtern zusammen. Warum scheinen die so wichtig zu sein, dass man sich unter den Verdacht stellt, eigentlich doch nur akademische Wichtigtuerei zu betreiben?

Es gibt drei Begründungen für das Vorgehen. Die erste erinnert daran, dass jede Kurzformel des Glaubens wissenschaftlich verantwortbar gehalten werden muss. Es kann nicht sein, dass sich jemand irgendwas ausdenkt und dann als Mitte des christlichen Glaubens präsentiert. Theologisch steht man in der Kette der Augen- und Ohrenzeugen, heißt es. Darum muss jeder Formulierungsvorschlag an frühere Texte angebunden und von ihnen her mindestens widerspruchsfrei eingespielt werden können.

Die obige Kurzformel ist nun eine Art modernisierter Adaption einer uralten. Wie Kapitel 5 ausführen wird, haben die ersten Christinnen und Christen schon sehr früh nach dem Tod Jesu ein Lied auf ihn gedichtet, einen Hymnus. In diesem Hymnus wird sehr knapp das Lebensgeheimnis Jesu beschrieben. Auf Griechisch: seine *phro-*

nesis, seine Haltung und Mentalität, seine Klugheit. Und diese besteht laut dem Lied aus drei Dimensionen, die man eben mit den drei genannten Wortfeldern *physis, kenosis* und *dynamis* präzise zu fassen bekommt.

Der zweite Grund: In deutscher Übersetzung würde man sich Missverständnissen über Missverständnissen aussetzen. *Physis* wäre ,Leben', *kenosis* ,Hingabe', *dynamis* ,Kraft, Macht' o. ä. Das funktioniert sprachlich einfach nicht, provoziert enormen Klärungsaufwand, muss sich gegen Klischees wehren, klingt erwartbar und nimmt keine Geschwindigkeit auf.

Der dritte Grund, und das ist ernst gemeint: Wir haben am Bochumer Zentrum für angewandte Pastoralforschung (zap) das Projekt verfolgt, die Spiritualität des Christeins auch mit Raumdüften zu kommunizieren. Der Parfümeur, mit dem wir kooperieren, war begeistert von den Begriffen. Seitdem gibt es die zap:aerothek, und sie umfasst die Duftserie PHYSIS©, KENOSIS©, DYNAMIS© und PHRONESIS©. Auch dazu in den einzelnen Kapiteln später mehr.

Einen vierten Grund kann ich mir einfach nicht verkneifen: Will man nicht auch ein bisschen was Fremdartiges, Exotisches, wenn man sich auf Religion einlässt? Soll denn alles so sein, wie man es kannte? Ein wenig *magic moment* sollte doch wohl drin sein im Paket. Und wenn es – zunächst – seltsame griechische Begriffe sind …

Was ist eine Kompetenz?

Die zweite Pflicht betrifft den hier oft verwendeten Begriff der ,Kompetenz'.

Der soll wenigstens kurz erklärt werden. Kurz und alltagsverständlich reicht aber auch. Was genau ist gemeint, wenn man sagt: Diese Frau ist in den und den Belangen kompetent; jener Mann hat diese oder jene Kompetenz? Und was ist dann, draufgesattelt, Lebenskompetenz?

Von der Wortherkunft her landet man beim lateinischen ‚competere'. Damit meinten die Alten das ganze Assoziationsfeld aus ‚zusammentreffen', ‚zusammen zu etwas fähig sein'. Das englische *to compete* hat das Konkurrierende mit hineingebracht, also etwa so: Kompetent ist die, die etwas kann, die sich bewährt, die in etwas Bestimmtem besser ist als andere.

Das Alltagsverständnis bestätigt diese beiden Wortwurzeln. Kompetenzen sind Fähigkeiten und Fertigkeiten, die nicht nur isoliert, privat bestechen, sondern die in einem bestimmten Sinn öffentlich wichtig sind. Kompetenzen sind also soziale Tatsachen und soziale Zuschreibungen. Sie zeigen sich im ‚Zusammentreffen'. Zweitens ist eine Kompetenz etwas, was man lernen kann und worin man unterschiedlich versiert sein kann.

Über diese beiden Bedingungen kann der Kompetenzbegriff dann zu etwas Größerem heranwachsen als zu ‚Eigenschaften' oder ‚Begabungen'. Es geht hier um etwas, das nicht nur fragmentarisch zu einer Persönlichkeit gehört, sondern sich sozusagen in seinen Charakter einschreibt. Dieselbe Kompetenz kann der eine so, die andere so ausführen. Das kann so weit gehen, dass man von einer Person sagt: Sie *ist* kompetent, also: Kompetenz ist ihr Habitus.

Fachwissenschaftlich ist für den Kompetenzbegriff die Pädagogik zuständig, sei es als Pädagogische Psychologie, als Bildungsforschung oder als Organisationspädagogik.

Hier ist der Begriff in den letzten Jahrzehnten zu enormer Popularität gekommen. In funktionaler Hinsicht bezieht sich das Kompetenzkonzept auf

- Fähigkeiten und Fertigkeiten, die die Bewältigung komplexerer Herausforderungen erlauben – es geht also nicht um isolierte Eigenschaften;
- Diese setzen sich zusammen aus kognitiven, emotionalen, motivationalen, ethischen, volitiven und/oder sozialen Komponenten – es geht also um einen Komponentenmix, nicht einfach um Wissen oder Geschick;
- Und sie können gelehrt und gelernt werden – es geht also nicht um biografische Charisma-Zufälle oder geniale Einzelbegabungen.

Nun ist in diesem Buch von sehr grundlegenden Kompetenzen die Rede. *Physis, kenosis* und *dynamis* sollen sogar ‚Lebenskompetenzen' genannt werden. Um zu verstehen, was das sein könnte, hilft ein Begriff der Pädagogik. Hier spricht man von ‚Dispositionen'. Geht es um so etwas wie Lebenstüchtigkeit – ein alter, aber doch seltsam frisch gebliebenes Wort –, dann ist nicht nur die fähige Persönlichkeit im Blick, die mündige, selbstreflexive, selbständige, selbstregulierte und sozial-kommunikative usw. Sondern dann ist auch gemeint, dass die Person sich dieser Errungenschaften auch bedient. Sie soll also auch disponiert sein: bereit, auf dem Sprung, wach, proaktiv.

Insofern ist die folgende Definition zwar eine typisch sozialwissenschaftliche Substantiv-Kaskade, die niemand lieben muss. Aber sie trifft den Nagel auf den Kopf: Kompetenzen sind „Selbstorganisationsdispositionen"[42]. Nicht der ist kompetent, der viel weiß, fühlt, signalisiert oder deklamiert – sondern der, der es tut. Anders gewendet:

Kompetenz hat es mit Freiheit zu tun, mit Einsatzwillen und Risikobereitschaft.

Die Disposition ist die Organisation der Persönlichkeit und ihres Vermögens von einer externen Größe her, von einem Zielzustand. Man ist nie einfach abstrakt disponiert, sondern auf etwas hin. Die Disposition verwandelt die vielen Einzelfertigkeiten in eine Grundspannung der Persönlichkeit hinein.

Also: *Disposition seperates the boys from the men.*

3. Was ist: Geistliche Klugheit?

‚Geistlich'? Ein hässliches Entlein unter den Adjektiven

Wenige Adjektive kommen in der Alltagssprache so defensiv daher wie ‚geistlich'. Man weiß nicht genau, was gemeint sein soll. Es geht wohl um etwas Mentales, Inneres – aber irgendwie freischwebend, unkontrollierbar, verflüchtigt. Ein ‚Geistlicher' ist ein Priester, okay, und man meint das respektvoll: Der Mann ist einer aus höheren Sphären, keiner so richtig von uns, irgendwie einer anderen Welt zugehörig – eben der des Geistes.

Die Falle schnappt zu, bevor der Köder richtig geschmeckt hat. Das Wort ‚geistlich' ist auch deswegen ein riskantes Wort, weil es sogar innerkirchlich weitestgehend seine Anerkennung verloren hat. Es ist ein Begriff unter mehrfachem Generalverdacht. Es kann in sehr viele, sich widersprechende Richtungen instrumentalisiert werden. Meint es jemand ernst damit, muss er oder sie sich erklären.

Das gilt erkennbar für den hier vorgelegten Gedankengang. Immerhin steht das Adjektiv hier im Zentrum: ‚Geistlich' ist angeblich die Klugheitsvariante, die fehlt, wenn die Christen fehlen. Offenbar ist das hier so wichtig, dass es nicht einfach durch eine preiswertere Sprechweise ersetzt werden kann. Christinnen und Christen wollen angeblich sogar exakt daran erkannt und erprobt werden, dass man geistliche Intelligenz von ihnen beziehen kann. Sie wollen, dass das Beispiel und die Vermittlung ‚geistlicher' Lebenskompetenz genau jene zentrale Dienstleistung an ihrer Umgebungskultur sind, die sie den Menschen um sie herum schulden. Dafür gründen sie sogar kirchliche Organisationen. Das Ziel kirchlichen Daseins ist der komfortable Aufbau von Infrastrukturen für ‚geistliche' Lebenskompetenz. Ob Kirche Kirche ist, entscheidet sich hier.

Also: Vielleicht ist das hässliche Entlein nur völlig staubig, und unter der Schicht darunter schlummert ein echtes Juwel. Schaut man genauer hin, muss man mindestens sechs Missverständnisse des Begriffs aus dem Weg räumen.

Sechs Missverständnisse müssen weg

Das Ergebnis dieses Abschnitts wird lauten: Das ‚Geistliche' ist weder (1) das einfältige Fromme noch das (2) Körperfeindliche oder das (3) Gebildete noch das (4) Unpolitische, das (5) Brave oder das (6) Unorganisierte.

(1) Nicht das einfältige Fromme: Es scheint sehr nahezuliegen, das ‚Geistliche' als das Kontemplative einzuspielen, das Introvertierte, das Liturgische. Man assoziiert dann mit geistlicher Kompetenz Handlungsvollzüge wie häufiges Beten, stille Einkehr, vielleicht sogar eifrige Bußübungen. All dies ist auch nicht falsch und kann sehr wohl zum Phänotyp gehören. Es ist aber definitiv nicht sein Grund und auch nicht sein erstes Kennzeichen. Man könnte sagen: Man lebt nicht automatisch geistlich, wenn man sehr fromm ist. Und ‚frömmeln' ist schon mal gar nicht gemeint.

Man kommt eher zum Ziel, wenn man sich die ursprüngliche Wortbedeutung von ‚fromm' anschaut: Das

Wort heißt eigentlich: ,von Vorteil', ,nützlich', ,tüchtig' oder auch ,rechtschaffen'. Außerhalb des Deutschen wird es sogar noch extrovertierter verwendet und kann dann ,tapfer' und ,vorkämpfend' bedeuten. Der Erste, der Fürst und die Frau sind vom ursprünglichen Wortstamm her deswegen die Frommen, weil sie vorangehen.[43] Also: Gerne fromm, aber dann im Sinn des ,frommen Mutes'. Denn schon jetzt sei gesagt: Das Gegenteil eines geistlichen Lebens ist nicht das weltliche Leben, sondern das ängstliche.

(2) ***Nicht das Körperfeindliche:*** Das Geistliche wird schnell zum ,Seelischen', zum ,Psychischen' und in der Drift dualistischen Denkens zum Oppositionsprinzip gegenüber dem Körperlichen, Leiblichen, Sexuellen und Erotischen. Das Geistliche schützt dann sozusagen vor dem Triebhaften, Naturalen; es erhebt in vorgeblich reinere Sphären und bringt das ,wahre' Wesen des Menschseins zum Leuchten.

Solche Dualismen sind nicht vereinbar mit seriöser christlicher Anthropologie. Schon die ersten Theologen der Urkirche haben sich dagegen verwahrt.

Für das ,Geistliche' aber kann sogar noch stärker argumentiert werden, und jetzt wird es deftig: Es hat seinen ursprünglichen Sprachsinn nämlich im dezidiert Körperlichen. Das biblische Sprechen vom Geist aktiviert das Wortfeld von ,atmen', ,wehen' oder ,erfrischen'. In den ältesten Belegen dieses hebräischen Wortes ,*ruach*' geht es aber nicht um das bekannte linde Lüftchen. Vielmehr ist der heftige Windstoß gemeint, das keuchende Ausatmen. Und Letzteres, das kraftvolle Stöhnen, wurde lebensweltlich am elementarsten in zwei Konstellationen erlebt: im sexuellen Höhepunkt und in der Geburt. Hier stößt der

Geist sich im höchsten Maße körperlich aus, schafft Leben durch Körper und baut und nutzt Raum in und durch Körper.

(3) Nicht das Gebildete: Im Deutschen gibt es den Nachteil gegenüber anderen Sprachen, dass das Wort ‚Geist' gleich mehrere Bedeutungsebenen schultern muss. Es muss das anthropologische und das kognitive Moment genauso ausdrücken wie das religiöse. Das ist in anderen Sprachen anders. Diese Hypothek führt zu charakteristischen Verwechslungen. Geisteswissenschaft etwa gilt als das Gegenteil von Naturwissenschaft. Wer geistvoll redet, hat *esprit* – und beweist damit Bildungsniveau. Geist steht also schnell für Bildung und damit genauso schnell für Habitus. Die ‚Geistlichen' sind studierte Leute. Und so geht der Assoziationspfad schnell hin zu dem Trugschluss, geistliches Leben hätte nicht nur mit viel Lesen und Nachdenken zu tun, sondern sei auch lebensweltlich eher bei denen mit hohem Schulabschluss, gutem Gehalt, gewählter Sprache und distinguiertem Auftreten zu verorten. Was im Umkehrschluss bedeutet: Bist du keiner dieser Schlaumeier; bist du eher der bodenständige Typ; bist du eher einkommensschwach und vor allem nicht so sprachmächtig wie die anderen – dann ist geistliches Leben eben nichts für dich.

Man sieht die Verarmung, wenn ‚geistlich' dasselbe sein soll wie ‚intellektuell'. Man denkt dann schnell, Jesus hätte Abitur.

(4) Nicht das Unpolitische: Gerne wird einem bewusst geistlichen Leben unterstellt, es narkotisiere, beruhige, zähme. Das muss eigentlich verwundern. Denn schaut man biblisch hin, kann man nur erstaunt sein, wie man aus den kraftvollen, zupackenden Geist-Theologien der Evangelien die Idee einer Jenseits-Vergeistigung konstruieren konnte. Da werden die Apostel ‚vom Geist', wie es heißt, in die Metropolen der Antike getrieben, sorgen für Tumulte, halten fulminante Ansprachen, provozieren die staatlichen wie religiösen Autoritäten und bieten insgesamt das Bild großer *street-credibility*, wie man heute sagen würde. Die Protagonistinnen und Protagonisten dieser ersten Gründungszeit bilden eine sofort auf größenwahnsinnige Weltweite hin angelegte Überzeugungsgemeinschaft; sie sind nahbar, streitbar, aktiv; sie agieren medial, organisational und massenpsychologisch außerordentlich geschickt; sie schimpfen, werben, sammeln, mahnen, leiden, agitieren und reüssieren. Geistgetriebene Leute, ja Aber: unpolitisch?

(5) Nicht das Brave: Eng verwandt mit Missverständnis 4 ist Nummer 5: Die geistlichen Leute seien die Tugendbolde. Die eben zitierte ‚Apostelgeschichte' sei die Geschichte der Moralapostel. Wer geistlich lebt, werde anständig – dies aber im unaufregenden Sinne des Devoten, Konfliktscheuen, Angepassten. Mach die Leute schön geistlich, und sie merken gar nicht, dass du sie dominierst.

Auch das trifft nicht den Kern. Das Wort ist ja sogar alltagssprachlich bekannt: „Der Geist weht, wo er will" (nach Joh 3,8). Die Gedanken sind frei. Die Kirchengeschichte kennt zu jeder Epoche immer auch eine subversive, charismatische Gegenströmung gegen die herrschende religiöse Elite. Und viele Heilige wurden eher zähneknirschend zur Ehre der Altäre erhoben – weil sie unkonventionell waren, Störer, Nörgler, Gründer, Kritiker, Alternative.

(6) Nicht das Unorganisierte: Allerdings: Auch ein Geist, der weht, wo er will, führt die, die sich seiner Kraft anvertrauen, nicht ins Chaos. Das ist ja schon auf den ersten Seiten der Bibel anlässlich der Welterschaffung so: Der Geist schwebt *über* den Wassern des Chaos. Auch wenn diese hier gemeinte geistliche Kraft sicher eher unruhig als lahm macht, so geht es doch nicht um Veränderung als Selbstzweck.

Alles anders wäre auch wohl kaum erwachsen.

Nach dem Aufräumen: Was ist nun ‚geistlich'?

Nach diesem Durchgang kann festgehalten werden: Wer geistlich lebt, will damit nicht in erster Linie fromm sein, triebbefreit, vergeistigt, privatistisch, tugendkonzentriert oder besonders spontan. Offenbar ist die ganze Modellierung des Zusammenhangs falsch eingestellt, wenn man geistliches Leben als eine wenn auch besonders lobenswerte einzelne Eigenschaft zu fassen versucht; oder als externen Normkatalog von ausgewählten Geboten.

Die in vielen von uns so tief verwurzelte Moralisierung des Christseins wirft in solchen Missverständnissen von geistlichem Leben ihre humorlosen Schatten.

Allerdings: Aufräumen ist erheblich mehr als wegwerfen; wer nichts übriglässt, hat nur zerstört. Ein positiver Begriff von ‚geistlich' ist noch zu erarbeiten. Das Ziel des weiteren Kapitels ist es, eine reiche, robuste, innovative und alltagstaugliche Idee vom ‚Geistlichen' zu gewinnen – und zwar indem es sich als das ‚Kluge' zeigt.

Dazu wird im nächsten Abschnitt erzählt, im darauffolgenden definiert. Danach folgt dann die Einführung des ersten der angekündigten vier griechischen Begriffe: *phronesis*.

Der Löwe im Stein – eine Erzählung

Um zu erklären, was er mit ‚geistlichem Leben' meint, erzählt der bekannte geistliche Autor Henri Nouwen eine schöne Geschichte. Zu einem Bildhauer kommt ein kleiner Junge. Der schaut dem Meister einen ganzen Tag lang zu, wie dieser aus einem Steinblock abends einen beeindruckenden Löwen gehauen hat. Stolz fragt der Meister: „Und, was sagst du?" Darauf der Junge: „Das ist sehr schön. Aber sag mir eines: Woher wusstest du schon heute Morgen, dass in dem Stein ein Löwe versteckt war?"[44]

Nouwen will damit sagen: Wer geistlich lebt, schaut gewissermaßen durch die Dinge hindurch auf etwas, was in ihnen steckt, was aber nur durch einen bestimmten Blick – eben den geistlichen – zum Vorschein kommt. Man muss hier genau sein, um nicht doch in die Vergeistigung abzugleiten. Der Blick des geistlichen Lebens, diese ‚Vision', legt keinen größeren Sinn in die Dinge hinein. Und er behandelt die konkreten Gegebenheiten auch nicht nur als Anwendungsfälle höherer, reiner Prinzipien oder Urbilder. Vielmehr ist es eine Kompetenz, den gegebenen Dingen so gut zuzuhören, in sie so gut hineinzublicken, sie so großzügig zu behandeln, dass aus ihnen vernehmbar werden kann, was bereits in ihnen ist – was aber im nicht-geistlichen Kontakt auch nicht hervorgelockt wird.

Um im Beispiel zu bleiben: Das, was hier geistlicher Blick genannt wird, legt den Löwen nicht in den Stein hinein und idealisiert auch nicht jeden Stein zum potenziellen Löwen. Vielmehr sieht dieser Blick, dass hier ein Löwe im Stein verborgen ist – und holt ihn hervor.

‚Geistlich' ist also jene Kompetenz, mit der man das Mögliche im Gegebenen erkennt, stimuliert, weckt und fördert. ‚Geistlich' ist die Behauptung, dieses Mögliche sei ebenso wahr und wirklich wie das Reale, also Hier-und-Jetzige. In unübertroffener Kürze hat das der bekannte dänische Philosoph Sören Kierkegaard einmal so auf den Punkt gebracht: „Glauben ist die Leidenschaft für das Mögliche." Geistliches Leben ist also eine Form des Blickes, der Vision, des ganzen Verhaltens, das sich der Tatsache verschreibt, die Welt sei voller positiver Möglichkeiten. Mehr noch: Es ist ein leidenschaftlicher Blick, ein engagierter, ein risikobereiter. Und noch mehr: Dieser Blick ist aktivierend. Er schaut nicht nur hin, er durchschaut nicht nur – dies aber ohne Besserwisserei, ohne Überführungsabsicht –, sondern er bewirkt auch. Er lockt, ködert, provoziert, motiviert, traut zu, befähigt, schafft, gründet, kreiert, beginnt. Er will, dass es wird.

Von dieser ‚Leidenschaft für das Mögliche' her wird die oft etwas eigentümliche Sprache der Christinnen und Christen verständlich. Sie sehen sozusagen dauernd den ‚Löwen im Stein': Obwohl einander wildfremd, begrüßen sie sich als ‚Schwestern und Brüder'; sie nennen die Natur ‚Schöpfung'. Sie sagen zu einem Verstorbenen: ‚Der ist nicht für immer fort'. Da hört man von Einsamkeit als von ‚Kraft', von Glück als von ‚Segen' und von Mut als von ‚Chance'. Da ist Hingabe nicht trottelig, sondern die Tür in ein neues Level von Leben. Da sind kreative Kollegialität und diskrete Nachbarschaft nicht Sozialromantik, sondern Lebenskultur. Und da ist die Akzeptanz von Grenzen nicht schwächliche Kapitulation, sondern Versöhnung mit einer Welt, in der Perfektion schlicht nicht sein muss.

Immer geht es darum, die Möglichkeiten so aktiv zu sehen, dass man sie sozusagen ‚herbeilebt', so dass sie real werden können.

Der akademische Zugang

Geistliches Leben, Spiritualität ist also nichts weniger als eine Form aktiver, sogar proaktiver Weltbegegnung. Dies wird auch in einschlägigen Definitionen herauspräpariert. Ein neueres Spezial-Lexikon zitiert unter dem Begriff ‚Spiritualität' eine Formulierung des großen Theologen Hans Urs von Balthasar. Spiritualität ist bei ihm „jene praktische oder existentielle Grundhaltung eines Menschen (...), die Folge und Ausdruck seines religiösen – oder allgemeiner, ethisch-engagierten Daseinsverständnisses ist: eine akthafte und zuständliche (habituelle) Durchstimmtheit seines Lebens von seinen objektiven Letzteinsichten und Letztentscheidungen her"[45].

Geistliches Leben zeigt sich als eine Sache der ganzen Person sowohl im Selbst- wie im Weltverhältnis. Wer es nüchtern ausdrücken will, kann sagen: Spiritualität ist ein „hermeneutisches Organisationszentrum"[46].

Ob narrativ-anekdotischer Zugang oder akademischer: Man sieht, dass es beim ‚Geistlichen' darum geht, das ‚Leben' – was immer das genau ist – als Ganzheit, als Gabe und als Aufgabe in den Blick zu bekommen. Das positiv Mögliche wird zur Leidenschaft und zum Ziel erhoben. Geht es um christliche Spiritualität, ist dabei ein Versprechen im Raum, gleich ein mehrfaches: dass diese Ganzheit erfahrbar ist; dass ich ihr gegenüber meine Freiheit behalte; dass ich aber auch in ihr enthalten bin, und zwar auf sympathische, anerkennende Weise; dass diese Erfahrbarkeit positiv ist; dass dieser Aufgabencharakter mich nicht zerstört; dass es Hilfen zu diesem Leben gibt; dass man aber auch selber als Ressource für andere gedacht ist; und dass am Ende aller Tage nicht zählen wird, was ich bin, sondern wer.

Der erste griechische Begriff: Phronesis als Geistliche Klugheit

Für diese großen attraktiven Versprechen wird nun ein gutes, griffiges Wort gesucht. Es soll in einer Kurzformel funktionieren und sowohl die Erkenntnis- wie die Handlungsbereitschaft mobilisieren. Um an den kleinen Kompetenzabschnitt in Kapitel 2 zu erinnern: Es soll disponieren.

Der Begriff der ‚Klugheit' kann das schaffen. Behauptet werden soll: Geistlich zu leben – sich also von der Leidenschaft für das Mögliche antreiben zu lassen – ist eine Form von Klugheit. Und Klugheit macht sich bemerkbar in konkreten, nützlichen Kompetenzen.

Diese Sprachstrategie hat vor allem den Vorteil, dass sie nicht sofort so moralisch klingt. Nichts gegen Moral – aber wir hatten oben (Ende Kapitel 1) schon gesehen, dass die etwa im 19. Jahrhundert einsetzende enorme Verbiedermeierung des Christseins ins Kleine, Anständige, Devote und Spionierende ihm nicht gutgetan hat. Der Eindruck konnte entstehen, und er wurde zu oft kirchlich gefördert, Christsein sei eine Dorfmoral für Leute, die vor lauter Spatz in der Hand von der Taube auf dem Dach nichts mehr wissen wollen. Dabei ist die Taube ihr Symbol für den Geist, der weht und streunt und stört, wo er will!

Klugheit ist eng verbunden mit nobler Gesinnung und geradlinigem Leben – sie geht aber nicht darin auf und ist vor allem nicht darauf beschränkt. Außerdem ist Klugheit irgendwie kühler, distanzierter, individueller, unausrechenbarer und variantenreicher als Moral. Moral ist schnell empört und kommt in Reaktionszwang. Klugheit sieht mehr voraus, organisiert besser, ist langatmiger.

Natürlich, das gebe ich sofort zu, sind das hin und her geschobene Klischees und künstliche Trennungen. Klugheit und Moral sind wie ein Paar guter Schwestern, die sich ebenso brauchen wie nerven. Ich will hier nur das Christsein aus dem Klischee befreien, in Moral aufzugehen.

Nun ist das eventuell verständlich, hängt aber trotzdem in der Luft. Denn man kann ja eine Menge behaupten und sich wünschen – aber auch das Christsein ist ja wohl nicht von jedem beliebig etikettierbar. Woher kommt denn der Beleg für die These, der passendste Henkel an der Tasse des Christseins sei ausgerechnet: Klugheit?

Die Frage war vorherzusehen. Sie wird im kommenden Kapitel beantwortet. Dort wird es um einen sehr prominenten Text des Neuen Testamentes gehen. Und in diesem wird der Weg Jesu, sein *way of life*, seine Lebensleistungsstrategie, gekoppelt mit dem Begriff der Klugheit. Mehr noch: Die, die Christen sein wollen, werden motiviert, diese spezifische Klugheit nachzumachen. Und es wird gezeigt, wie.

Klugheit heißt im Griechischen: *Phronesis.* Hier begegnet also unser erstes Fremdwort aus der Kurzformel. *Phro-*

nesis – für dieses Wort will ich Aufmerksamkeit wecken. Es ist ein Wort, das mich im Alltag organisieren kann. Das, was fehlt, wenn die Christen fehlen, ist eine bestimmte Form von Lebensklugheit: eben jener *phronesis*. Mit diesem Begriff findet man ein faszinierendes, überraschendes Übersetzungswort für ‚geistliches Leben'.

4. Die biblische Grundlage der Kurzformel: ein Gefängnisbrief

Ein Brief aus bedrängter Situation

Um den in Kapitel 2 aufgelisteten Gütekriterien einer nicht nur korrekten, sondern auch noch lebenspraktisch nutzbaren Kurzformel zu entsprechen, wird es wichtig sein, sie auch in beide Richtungen zu verankern. Sie braucht zum einen sichere Stütze in anderen, vergleichbaren und bereits bewährten Texten der religiösen Tradition – sonst kann sie schnell zur nur subjektiven Marotte eines Autors verkümmern. Sie hat dann so viel und so wenig Aussagewert wie dessen Lieblingsrezept für Erdbeerkuchen. Zum anderen braucht sie hohes Transferpotenzial für das, was im Leben so bestanden werden muss. Sonst degeneriert sie zum wahren, aber nur romantischen Kalenderspruch oder, noch ungünstiger, zum abstrakten Container, in den alles irgendwie hineinpasst, nichts aber richtig. Optimalerweise bieten konsultierbare Ausgangstexte für Kurzformeln beides an: Seriosität *und* Pragmatik.

Mit diesen beiden Lungenflügeln atmet auch der Text, von dem die in diesem Buch entwickelte Kurzformel ausgeht. Und noch mehr: Nicht nur sein Inhalt, sondern auch seine Entstehungssituation ist eine Kombination aus herausgeforderter Lebensleistung und plausibler Theologie.

Die Rede ist von den Versen 5 bis 11 des zweiten Kapitels des Briefes an die Philipper. Hierbei handelt es sich um ein Lied, das die ersten Christen kurz nach dem Tode Jesu verfasst und in ihren ersten Gottesdiensten gesungen haben. Mit diesem Hymnus haben sie feiernd und erinnernd darüber reflektiert, wer Jesus Christus für sie war, wie er gelebt hat, was sie von ihm lernen wollten und wie man sich erklären konnte, was gegenwärtig geschah.

1 Phil 2,5–11 ist ein christologisches Liebeslied. Schon dies ist erkennbar existenziell. Es handelt sich um einen Text, der nicht nur zu denken, sondern auch zu sehen und zu handeln aufgab.

Dies wird nun noch gesteigert. Denn dieser alte Hymnus wird über die Jahre bewahrt und tradiert; schließlich hört ihn der berühmte Apostel Paulus. Und er interpretiert ihn in charakteristischer Weise und gibt ihn seinerseits weiter; und zwar wiederum in einem existenziell äußerst herausfordernden biografischen Moment. Die heutige Exegese ist sich weitestgehend einig darin, dass Paulus etwa um 55 nach Christus in Ephesus inhaftiert war. Man drohte ihm mit dem Todesurteil. Paulus schloss dieses sein Ende explizit in seine Lebensplanungen ein. Die Haft war nicht so brutal, wie man es denken mag. Aber Haft ist Haft, und die Aussicht auf die Todesstrafe führt auch unter den Bedingungen von strengerem Hausarrest zu wesentlichen Gedanken. Jeder Brief, den man schreibt, kann der letzte sein.

Und Paulus schreibt einen Brief; jedenfalls ist uns einer erhalten geblieben. Die Adressaten sind die Gläubigen der Gemeinde in Philippi im heutigen Mazedonien. Diese sind nicht irgendjemand. Vielmehr handelt es sich um seine besten Freunde; um seine Lieblingsgemeinde. Diese haben ihn nicht aus den Augen gelassen, sondern haben ihn schriftlich angefragt, wie es ihm geht und was ihn unterstützen würde.

Damit ist die Situation markant und historisch korrekt umrissen: Ein Inhaftierter unter Todesdrohung wendet sich mit seinem vielleicht letzten Brief an seine Gefährten, um ihnen Worte zu sagen, die auch über sein Lebensende hinaus Wert und Gültigkeit haben sollen. Vor allem will er ihnen bekräftigen, was seine und ihre große Lebensentdeckung ausmacht: nämlich die rätselhafte, explosionsartige, alles verändernde Begegnung mit Jesus von Nazareth als dem Lebenden. Wenn man so will: Paulus sucht nach geeigneten Ausdrucksmitteln für eine griffige, mobilisierende, orientierende Kurzformel des Glaubens. Und er findet sie: in jenem Christuslied.

Kommunikationstheoretisch würde man nun sagen: Was in einer solch markanten Redesituation geäußert wird, legt Bedeutung in jedes Wort. Dass das stimmt, kann man sogar quantitativ belegen. Jedenfalls ist kaum ein Text des Neuen Testaments exegetisch so intensiv bearbeitet worden wie diese sieben Verse. Es handelt sich schlicht „um (…) einen der meistkommentierten des Neuen Testaments“[47].

Für den hier möglichen Raum kann nun nicht jedes Wort in dieser intensiven Weise gewürdigt werden. Ich belasse es daher bei vieren. Diese aber, das behaupte ich unter Bezug auf die umfangreiche exegetische Forschung, tragen den Sinn des Ganzen.

Dies ist die leitende These unserer Auslegung: Der Hymnus aus dem Philipperbrief ist ein lyrischer Text, der aus einer Lebensentdeckung resultiert. Diese Entdeckung bezieht sich erstens darauf, dass bei einem Helden etwas überraschenderweise anders geschieht, als man es erwartet hatte. Und zweitens, dass diese Überraschung ins eigene Leben übertragbar ist und ähnliche positive Effekte abwirft wie bei dem Helden. Genauer: Das Lied freut sich über die Tatsache einer bestimmten Klugheit (*phronesis*), die man an einem eindrücklichen Beispiel ablesen, erlernen und hervorragend zum eigenen Nutzen gebrauchen kann. Diese Klugheit ist dreischrittig. Sie wird abgelesen am Leben des Jesus von Nazareth. Theologisch und auch innerhalb einer vitalen Christusbeziehung kann interpretiert werden, dass Jesus diese Klugheit und ihre Effekte neu erschlossen hat. Trotzdem: Diese Klugheit ist gerade nicht von religiösem Wissen, heroischer Moral oder intimer Gottesbeziehung abhängig. Vielmehr zeigt das Lied: Der wird zu neuen Lebensintensitäten geführt (*dynamis*), der sich nach bestem Wissen und Gewissen seinem Leben stellt (*physis*), indem er das Risiko eingeht, sich in das Heil gemeinsamen Wohls zu investieren (*kenosis*).

Paulus schreibt wörtlich (bis auf den in Klammern gesetzten Text):

(5) Seid untereinander so gesinnt (Wortfeld *phronesis*), wie es dem Leben in Christus Jesus entspricht:
(6) Er war Gott gleich, / hielt aber nicht daran fest, Gott gleich zu sein,
(7) sondern er entäußerte (*ekeinosin* = Wortfeld *kenosis*) sich / und wurde wie ein Sklave / und den Menschen gleich. / Sein Leben (Wortfeld *physis*) war das eines Menschen;
(8) er erniedrigte sich / und war gehorsam bis zum Tod, / bis zum Tod am Kreuz.
(9) Darum hat ihn Gott über alle erhöht (Wortfeld *dynamis*) / und ihm den Namen verliehen, / der größer ist als alle Namen,
(10) damit alle im Himmel, auf der Erde und unter der Erde ihr Knie beugen / vor dem Namen Jesu
(11) und jeder Mund bekennt: / Jesus Christus ist der Herr / zur Ehre Gottes, des Vaters.

Schon beim flüchtigen Lesen erkennt man den vierstufigen Aufbau des Textes. Manche Exegetinnen und Exegeten sprechen von einem Einleitungssatz mit drei sich anschließenden Strophen.

Einleitung: Gesinnung	V. 5	phronesis
Strophe 1: Abstiegsbewegung	V. 6a–7b	kenosis
Strophe 2: Bewährung	V. 7c–8b	physis
Strophe 3: Aufstiegsbewegung	V. 9a–11b	dynamis

So gewinnt man die vier Hauptwörter, die den Inhalt der Kurzformel tragen. Sie sei hier noch einmal wiederholt:

Christsein ist eine bestimmte, nämlich geistliche Form von Klugheit (*phronesis*). Diese Klugheit motiviert zu drei Kompetenzen, die sich im Vollzug dauernd wechselseitig ergänzen: immer weniger wegrennen (*physis*); aus sich herauskommen (*kenosis*); Kraft von außen aufnehmen (*dynamis*).

Man erkennt nun genau, dass die unbekannten griechischen Begriffe keineswegs willkürlich gewählt sind und auch keine akademische Schikane sein wollen, sondern ehrenhaften Ursprungs sind. Die kurzen Labels (‚nicht wegrennen' usw.) stehen hier wortgetreu natürlich nicht. Sinngemäß aber schon: Dies wird bei genauerem Lesen aus dem Text deutlich und soll mit einer weiteren Übersicht auch grafisch anschaulich werden. (Um das theologische Sichtfeld zu erweitern, arbeitet diese Tabelle mit einer anderen, wortgetreueren Übersetzung desselben griechischen Urtextes.)[48]

kenosis	**Mensch-*Werdung***	6a Der in Gottesgestalt war,
	Steigerung 1	b hielt nicht fest wie einen Raub, Gott gleich zu sein,
	Steigerung 2	7a sondern entäußerte sich selbst;
	Steigerung 3	b Sklavengestalt annehmend.
physis	**Mensch-*Sein***	c Den Menschen gleich geworden
	Steigerung 1	d und der Erscheinung nach erfunden als ein Mensch,
	Steigerung 2	8a erniedrigte er sich selbst,
	Steigerung 3	b sich gehorsam zeigend bis zum Tod,
	Steigerung 4	b ja, zum Tod am Kreuz.
dynamis	**Mensch-*Erhöhung***	9a Deshalb hat ihn auch Gott so sehr erhöht
	Steigerung 1	b und ihm den Namen, der über jedem Namen ist, geschenkt,
	Steigerung 2	10a damit unter Anrufung des Namens Jesu b sich jedes Knie beuge (11a und jede Zunge bekenne)
	Steigerung 3	b der Himmlischen und Irdischen und Unterirdischen(:)
	Steigerung 4	b Herr ist Jesus Christus
	Steigerung 5	11b zur Ehre Gottes des Vaters.

Die Übersichten, so komprimiert sie sind, erlauben bereits die Aufsprengung und Interpretation des ja durchaus schwierigen Urtextes. Man ahnt, warum die Exegese sich mit solcher Wucht auf diese Verse wirft: Zum einen deuten sich komplexe philosophische Probleme an (z. B. ‚Wie kann ein Gottgleicher menschliche Gestalt annehmen?'); zum anderen ist auch sprachstilistisch sehr viel zu holen (Chiasmen, Rhythmik, Parallelismen usw.).

Vor allem aber geht es erkennbar ums Ganze: In nur wenigen Passagen der Bibel vergewissert sich das junge Christentum so konzentriert wie hier über das Besondere ihres Glaubens. Nirgendwo tut sie es so lyrisch. Und darum trotz des gedrängten Raumes so dramatisch, so epochal – und darum so angreifbar. Die *story* des Jesus von Nazareth wird in Zeitraffer erzählt, ganz ähnlich wie am Beginn des Johannesevangeliums im berühmten Prolog: Himmel und Erde werden verbunden; ein Gottgleicher fällt geradezu in die Welt; er müsste nicht bleiben, tut es aber überraschenderweise; er entscheidet sich für die Welt; das kostet ihn sogar das Leben; er wird hingerichtet; wiederum überraschenderweise aber wendet sich das Blatt erneut; er wird erhöht, wie es heißt; und nun werden ihm Ehre und Fülle zuteil.

Hier liegt nichts Geringeres vor als eine Kompakttheologie *at it's best.* Theologisch versierte Geister identifizieren Hauptaussagen aus Protologie, Christologie, Anthropologie, Soteriologie, Eschatologie, Diakonie, Angelologie, Kosmologie, Trinitätstheologie, Ethik. Mit dem Hymnus steht man definitiv an einem Glutkern der christlichen Überlieferung.

All dies ist sehr interessant und für Theologinnen und Theologen auch Studierpflicht. Für den hier eingeschlagenen Weg gibt es allerdings eine viel entscheidendere Frage: Inwiefern soll der Christushymnus auch für Menschen weiterführend sein, die sich eben *nicht* religiös binden wollen? So sympathisch das ja sein mag: dass die Angehörigen einer Religion ihren Gründer weiter ehren und feiern – warum sollte so ein Fangesang etwas für die Nicht-Angehörigen abwerfen? Was hat das alles mit heute zu tun, vor allem mit so etwas Fundamentalem wie der eigenen Lebensleistung? Ist das hier nicht viel zu intern gedacht und auch einfach zu mystisch formuliert – Gottgleicher, abgestiegen, in den Himmel wieder erhöht, bekennende Zungen usw. –, als dass man es heute noch ernst nehmen könnte?

Der Glutkern wird zur Nagelprobe. Um sie zu bestehen, muss der erste Hauptbegriff nun Leistung bringen: *phronesis*.

Der äußerst wichtige Einstieg: *Phronesis*

Tatsächlich müsste man sagen, dass das Projekt einer Kurzformel mit Weisheitsgewinn auch für Nicht-Religiöse hier zu Ende wäre, wenn man Vers 5 wie folgt zu übersetzen hätte: ‚Seid untereinander so gesinnt, wie auch Jesus Christus gesinnt war.' Salopper: ‚Übernehmt den Geist Jesu, macht ihn nach.' Niemand Geringeres als Martin Luther hat so übersetzt und lange Jahre die Exegese nach ihm.

Die nun folgenden Verse würden dann bebildern, wie Jesu Gesinnung war und wozu sie ihn führte. Und wäre diese Übersetzung alternativlos, gälte es in der Tat nur für Insider, Jüngerinnen und Jünger, Jesus-Fans.

Genaueres philologisches Hinsehen ab den 1950er Jahren hat aber zu neuen und für uns hier brisanten Einsichten geführt. Da steht nämlich erstens das Wort *phronesis*, das mit ‚Gesinnung' eher zu blass intoniert wird (siehe nächsten Abschnitt). Und zweitens läuft die grammatische Logik nicht auf die Imitation Jesu hinaus, sondern auf die Imitation der Klugheit, derer sich auch Jesus bedient hat. So christuszentriert der ganze Text ab Vers 6 scheint, so sehr will er bestimmte Klugheitsdimensionen bebildern, die man *auch jenseits* des Bekenntnisses zu Jesus aktivieren kann.

Die Einheitsübersetzung formuliert ja, wie oben gesehen:

„Seid untereinander so gesinnt, wie es dem Leben in Christus Jesus entspricht.“

Weitere Varianten, damit der Unterschied zu einer Christusfixierung deutlich wird:

„Das sinnet untereinander, was auch in Christus Jesus (zu sinnen sich schickt).“[49] Oder:

„Darauf seid untereinander gesinnt, worauf man in Christus Jesus zu sinnen hat.“[50]

Was hoffentlich gezeigt werden kann: Mit dem Hymnus wird eine Lebenslogik, eine Lebensweisheit greifbar, die an Jesus abgelesen werden kann, die aber eben *nicht* exklusiv auf ihn beschränkt ist. Genau das ist das ‚Evangelium', die gute Information, von dem Paulus unmittelbar vor dem Hymnus in Phil 1,27 spricht. Gut ist die Information deswegen, weil es eine Kraftquelle gibt, die sich jede und jeder erschließen und die jede und jeder anzapfen kann. Eine Lebensweisheit, die nicht danach fragt, ob man Jesus heißt, sondern ob man *physis* und/oder *kenosis* betreibt. Gut ist diese Information, weil sie einen Unterschied macht; und weil sie die verblüffende Erfahrung von *dynamis* ermöglicht.

Es geht dem Text natürlich vordergründig um die religiöse Anerkennung Jesu. Diese aber wird nicht ausgesprochen, weil es Jesus ist, sondern weil das Leben Jesu etwas riskiert und dieses Risiko eine enorme Überraschung generiert hat: dass nämlich die Nicht-Flucht aus den Aufgaben der Existenz (*physis*) und die Investition in das Glück auch anderer (*kenosis*) eben kein Scheitern, sondern Erfolg und Fülle zur Folge hatte.

Gegen den ersten Anschein ruft der Text gerade nicht linear dazu auf, wie Jesus zu sein und ihn zu imitieren. Vielmehr wird gezeigt, dass Jesus einen Raum von Wirklichkeit erschlossen hat, in dem neue Lebensmöglichkeiten sichtbar werden. Diese können sich natürlich gerne an der Lebensleistung Jesu orientieren und motivieren; sie sind aber nicht an das Jesus-Bekenntnis gebunden. Nicht die *imitatio Jesu* ist die Sinnrichtung des Textes, so wie Paulus ihn hier bietet, sondern die *imitatio* einer bestimmten *phronesis*.

Jesus und die Christen – ein kurzer Einschub

An dieser Stelle droht eine bestimmte Schwierigkeit: Das Bemühen, aus dem Christuslied eine Kurzformel zu destillieren, die als Lebenskunst auch *nicht*-religiös übernommen werden kann, kann die Balance verlieren, wenn es plötzlich so aussieht, als sei die Figur des Jesus Christus für diese Zusammenhänge austauschbar. Immerhin bekennen die Christinnen und Christen diesen Menschen als den, an dessen Leben, Sterben und Auferstehen sich die Liebe Gottes zu ‚seinen' Menschen restlos, einzigartig und unverbrüchlich erwiesen hat. An ihm und nur an ihm ist vollständig ablesbar, wer und wie Gott ist. Er ist ihnen der ‚Erlöser' – und das wird man kaum von anderen großen moralischen Gestalten sagen wollen.

Dieser Glaube soll auch hier bekräftigt werden. Was fehlt, wenn die Christen fehlen, ist natürlich auch der dezidierte Hinweis auf den historischen und den auferstandenen Jesus. Aus Sicht der theologischen Spekulation ist alles in ihm, durch ihn und auf ihn hin geschaffen. Soll heißen: Gott hat die ‚Welt' nicht einfach irgendwie geschaffen, sondern gemäß einer bestimmten Logik. Diese Existenzlogik der Schöpfung, so die faszinierende Vision der Christen, kann man am Leben und Sterben Jesu wiederfinden; ja sogar: reaktualisieren. Soll heißen: Wer so lebt wie Jesus von Nazareth, ist und schafft selbst andauernde gute Schöpfung. Sie (oder er) sind in Ordnung – wie es die Alltagssprache in unvergleichlicher Prägnanz auf den Punkt bringt.

Dies ist die Innensicht der Christen und ihrer Christus-Theologie. Diese wird nur von Menschen verstanden werden können, die in diesem expliziten Christus-Glauben leben.

Das Schöne ist jetzt – und hier liegt die Ambition dieses Buches: Diese Innensicht erlaubt aus sich heraus eine klare Außensicht. Denn wenn behauptet wird, das Christsein sei ko-kreativ zur Welt an sich (‚Schöpfung'), dann kann hier nichts gemeint sein, zu dem nicht alle gleichberechtigten Zugang hätten, ganz egal, welche Weltanschauung sie leitet. Sagt man: Wer so lebt wie Jesus von Nazareth, und wer immer freier so lebt, der kommt an den Punkt, an dem seine Welt, die der anderen und die Welt ‚an sich' zueinander passen (‚Schöpfung'), dann hängt dies an Existenz und nicht an Credo. Weiter unten werden wir darauf zurückkommen: Die Schöpfung, Gott, Christus, nicht einmal die Kirche, sind nicht Eigentum oder Vorrecht der Christen. Nichts davon gehört ihnen, weil sie Christen sind. Alles gehört ihnen, weil sie Menschen sind.

Mit dieser Überlegung können wir wieder zurück zum Christuslied gelangen. Denn die einzige Frage, die sich jetzt aufdrängt, ist diese: Wie hat er gelebt, dieser Jesus?

Was kann man da wissen? Wie macht man nicht ihn nach, sondern seine Lebensklugheit?

Das Christuslied aus dem Philipperbrief tritt an, um diese Frage zu beantworten.

Phronesis als geistliche Kraft – kurze Worterklärung

Der Befund, dass es primär um die Orientierung an einer bestimmten Klugheit geht, wird noch erhärtet durch die paulinische Wortwahl in Vers 5 (und schon Verse 1 bis 4). Denn der griechische Begriff der *phronesis* hat es sowohl biblisch wie von antiker Tugendlehre (Platon, Sokrates, Stoa usw.) her wirklich in sich. Das deutsche ‚Gesinnung' atmet ja doch etwas sehr Geistiges, auch Nobles, Distanziertes, Souveränes.

Antik ist das anders. Da hält der Begriff her für robustere und deutlich pragmatischere Bedarfe. Das wird vielleicht am deutlichsten, wenn man sich vor Augen führt, dass Jesus selbst die Klugheit lobt, und das an verblüffenden Stellen: Die klugen Jungfrauen, die genug Öl mitnehmen (Mt 25), mag man noch einordnen können. Aber dieser bauernschlaue Verwalter, der erst schlecht wirtschaftet, dann seine schändliche Entlarvung befürchten muss und darum mit dem Geld seines Chefs die eigenen Schuldner befriedigt, damit er von denen schon einmal nichts zu befürchten hat! Man höre und staune: Jesus lobt diese raffinierte Verschlagenheit, diesen klugen Umgang mit dem ‚ungerechten Mammon'; er nennt ihn einen ‚Sohn der Welt', von dessen Klugheit (*phronesis*) die jesuanischen ‚Kinder des Lichts' ordentlich etwas lernen sollen (Lk 16,1–12).

Und, um es noch zu toppen: Als klug (*phronimos*) in diesem Sinne wird auch die Schlange aus dem Paradies bezeichnet (Gen 3,1). In den Begriff kommt jedenfalls auch das Strategische hinein, das Berechnende und Kalkulierende. Dies kann dann auch in eine anwaltliche Richtung gehen: Klug ist der, der die Interessen eines anderen so wahrnimmt, dass sie effektiv durchgesetzt werden (z. B. 1 Makk 10,20). Die Bücher der Weisheitsliteratur (siehe auch Kapitel 5) loben mit dem Label *phronesis* das pragmatisch-unaufgeregte und teils sogar auffällig unfromme Grundinteresse an kluger Lebensführung im Alltag. Die antike Literatur fügt noch weitere Regelungsbereiche hinzu: Gerechtigkeitsstreben, Selbstvertrauen, Regierungsweisheit.

Instruktiv die Gegenprobe: Das Gegenteil des Klugen ist in Bibel und Antike nicht eigentlich der Dumme, sondern der Narr – also der, der in seinem Leben Irrwege geht und sich täuschen lässt.

Als Fazit können wir ziehen: Wenn Paulus dieses klar profilierte Wort benutzt, um damit einen wichtigen Abschnitt einzuleiten, dann will er nicht auf eine irgendwie freischwebende ‚Gesinnung' hinaus, sondern auf Lebenspraxis, Lebensbewährung, Alltagskraft.

Das aber bedeutet dann auch: Wenn die nachfolgenden Verse 6 bis 11 genau veranschaulichen sollen, wie sich diese empfohlene *phronesis* konkretisiert, dann geht es nicht primär um etwas Frommes im Sinne von etwas explizit Religiösem, sondern um etwas Frommes im Sinne von Befähigung, Tatkraft, Nutzen, Vorteil und Vorangehen (vgl. Kapitel 3).

Am Hymnus aus dem Philipperbrief ist Klugheit ablesbar – manchen wird sie religiös und von der bewussten

Christusnachfolge her motivieren. Anderen aber steht sie ebenfalls zur Nachahmung offen. Die Verheißung der Lebensfülle, der *dynamis* durch *physis* und *kenosis*, ist kein exklusiver Besitz der Christinnen und Christen. Es ist ein Versprechen an jeden, der auf diese Variante, klug zu sein, setzt.

5. Religiöses als Inspiration für Nicht-Religiöse? Zwei kurze Exkurse

Die Ambition des Buches, christlich-religiöses Kulturgut so vorzulegen, dass es auch für nicht-religiös Gebundene eine lebenspraktische Ressource darstellen kann, ist nun schon verschiedentlich angeklungen.

Sie wird durch zwei weitere Beobachtungen gespeist, die hier wenigstens kleinen Raum einnehmen sollen. Die eine stellt einen Strang biblischer Literatur vor, die interessanterweise von derselben Ambition getrieben ist. Die andere referiert neueste Einsichten zu dem, was eigentlich religiöse Erfahrungen ausmacht – und was gerade nicht.

Kleiner Exkurs in eine verblüffend profane Literaturgattung des AT: die Schriften der Weisheit

Die biblischen ‚Schriften der Weisheit' umfassen so bekannte und so unbekannte Bücher wie ‚Hiob', ‚Kohelet', ‚Sprichwörter' oder Novellen wie ‚Tobit' und ‚Esther'. Hier liegt ein Strang alttestamentlicher Literatur vor, der schon von Beginn der Bibelforschung an für ziemliche Irritationen sorgt. Der Grund liegt darin, dass es hier auffallend wenig um dezidierte Erlösungsaussagen, religiöse Gebote, Prophetien oder die Schilderung von Heilsaussagen geht. Dagegen dominiert das Interesse an gesundem Alltagsverstand und an gerechtem Leben. Die Inspirationen hierfür werden aus der allgemeinen Umwelt bezogen, auch aus der, die die eigene Religiosität gerade nicht teilt.

Zitiert werden ausländische Weisheiten genauso wie profane Sprichwörter, Schüttelreime, Naturbeschreibungen, Fabeln oder moralisch gehaltvolle Geschichten.

All das kommt, vordersinnig betrachtet, ziemlich unreligiös daher. Das bedeutet nun nicht, dass man den eigenen Jahweglauben verschweigt; aber er ist Folie, nicht Inhalt dessen, wovon man lernen will.

Die Skepsis derer, die religiöse Inspirationskraft an expliziten Bekenntnissen festmachen, war zu allen Zeiten so stark, dass sogar die rechtmäßige Zuordnung dieser Bücher zum Kanon der Heiligen Schrift bezweifelt wurde. Hier regieren Pluralität und Ambivalenz, mitten in der Bibel; schnöde Lebensweisheiten, die auch andere so formulieren könnten; nur abstrakte Berufung auf den Gott Israels und dicke Konzentration auf den schnöden Alltag: Bis in die Sprache aktueller Kommentare kann man diese Irritation verfolgen. So heißt es vom Buch ‚Kohelet‘: „Es fällt zunächst schwer, sich auf diesen abenteuerlichen Weg des Predigerbuches einzulassen, denn die Spannungen und Paradoxien, die es (...) zumutet, sind nur schwer auszuhalten und scheinen notwendigerweise in die Krise zu führen.“[51]

Dass das Buch ‚Hiob‘ das Problem des ungerechten Leidens gerade nicht löst, ist landläufig bekannt. Dass man gemäß diesem Buch aber von einer Art „Satanisierung“ in Gott selbst zu sprechen hat, der Hiob zur Marionette seiner Souveränität zu unterwerfen scheint, das schmeckt orthodoxer Gläubigkeit noch weniger.[52] Und dass bestimmte Sprichwörter der jüdischen Bibel teils bis in den Wortlaut hinein ägyptische Spruchsammlungen kopieren, stellt ebenfalls Identitätsfragen.[53] Und: Ein Spruch wie „Hochmut kommt vor dem Fall“ (Spr 16,18b) kann kaum für sich beanspruchen, exklusiv religiöse Weisheit zu kondensieren – er gilt schlicht, weil er sich im Alltag bewährt. Und zwar millionenfach.

Man darf es so sehen: Mit der Aufnahme der Weisheitsliteratur in den Kanon der ‚Heiligen Schriften' wird sozusagen höchstlehramtlich bekannt, dass auch die Bibel keine klaren Antworten auf alles hat und auch nicht haben will; dass in Gott selbst Ambivalenz herrscht; dass niemand sich einen Zacken aus der Krone bricht, wenn er die Klugheit anderer Kulturen nutzt; dass an einem immer ambivalenten Alltag schon so manche *cleane* Dogmatik zerbröselt ist; und dass an der Anstrengung gelebten Lebens auch kein religiöser Weg vorbeiführt.

Vielleicht wird nirgendwo in der Bibel das in diesem Buch mit ‚Lebensleistung' Gemeinte kreativer und respektvoller erzählt und reflektiert als in der Weisheitsliteratur. In ganz eigentümlicher Weise interessieren sich diese Schriften eher weniger für den Unterschied von ‚religiös' / ‚nicht religiös' und eher mehr für das, was beide Pole voneinander lernen können. Natürlich kann man das heutige Säkularitätsbewusstsein nicht in diese antiken Kulturen hineinlesen; am Jahweglauben vorbei hat man sich die Welt damals nicht erklärt; und Israels Denken ist auch keines der definierten Begriffe. Aber gerade weil der Ordnungsrahmen klar war, musste man ihn nicht dauernd fokussieren. Und erst recht musste man ihn nicht zur Bedingung dafür machen, ob die eigene Lebenswahrheit auch etwas für andere bedeuten kann – und umgekehrt.

Wahrscheinlich ist die Weisheitsliteratur deswegen auch heute, in den sogenannten postmodernen und postvolkskirchlichen Zeiten, enorm populär. Diesen Respekt verdient sie, weil sie die diffusen Zonen zueinander widerspruchsvoller Theologien sogar bei Kernfragen (wie bei ‚Hiob' oder ‚Kohelet') nicht in ‚schwarz' und ‚weiß' auflöst und der Versuchung einfacher Formeln widersteht.[54]

Übrigens: Da, wo die griechische Bibel die hebräische übersetzt, wählt sie oft für das Hauptwort des Ganzen, nämlich ‚Weisheit', den Begriff *‚phronesis'*. Unsere Kurzformel stellt sich damit explizit und gerne in diesen Strang biblischer Großzügigkeit und Weite.

Kleiner Exkurs über religiöse Erfahrung

Ein zweiter Beleg der wechselseitigen Offenheit von religiösen und nicht-religiösen Kulturentdeckungen kommt aus einer intensiveren Erforschung von weltanschaulicher Pluralität. Die ja nun wirklich unbestreitbare Konkurrenz von weltanschaulichen Geltungsansprüchen und Glaubensüberzeugungen in sogenannten säkularen Gesellschaften nötigt ja dazu, Querschnittsflächen zu finden, in denen man trotz sehr auseinandergehender Wahrheitsansprüche konstruktiv friedlich miteinander umgehen kann. Ja, am besten: in denen man sogar voneinander lernt und sich wechselseitig bereichert.

Mit diesem Ziel sind gegenwärtig viele der fähigsten Intellektuellen unterwegs: Jürgen Habermas, Hans Joas, Judith Butler, Navid Kermani oder auch Papst Franziskus sind bekannte Namen. Sie haben erkannt, dass Moderne und Religion sich eben nicht ausschließen müssen; dass liberale Demokratien bestimmte Motivationsgründe brauchen, die unter anderem auch in und durch religiöse Sprachen und Rituale geweckt werden können; und dass umgekehrt Religion die Zufuhr von säkularer Intelligenz braucht, um nicht in Gewalt und Fundamentalismus abzurutschen.

Ein weiterer Name ist Charles Taylor. Der kanadische Philosoph hat mit seinem monumentalen Werk ‚Das säkulare Zeitalter' den sehr wichtigen Begriff der weltanschaulichen Optionalität starkgemacht. Hans Joas und Matthias Jung, aber auch viele andere Denkerinnen und Denker haben ihn aufgegriffen und in eine neue Orts- und Relevanzbestimmung für religiöse Sprache umgearbeitet

Taylors Argument geht von der basalen Entdeckung aus, dass Sprache immer mehr ist als der Transport von ihr getrennter, bereits feststehender Information. Die Beziehung ist viel reicher: Im Sprechen wird weitergedacht. Gerade der Akt der Artikulation eines Gedankens führt dem Denken Impulse zu, die es ohne das Sprechen nicht gehabt hätte. Umgekehrt ist auch das Denken an Sprache gebunden, vor allem das erinnernde Denken. Die Artikulation eines Gedankens ist also immer Teil des Gedankens selbst und ohne sie begegnet er schlicht nicht. Denken und Sprechen sind auch dann dialogisch strukturiert, wenn Mund und Gesten gar nicht in Bewegung sind.

Diese sehr kurz eingespielte symbolanthropologische und linguistische Beobachtung hat eine bedeutende Pointe: Sprechen/Artikulieren ist also immer Interpretieren. Kein Impuls ist zwingend an eine bestimmte Artikulation gebunden; das ist der Unterschied zwischen Instinkt- und Symbolwesen. Das Symbolwesen Mensch lebt in einem Freiraum; wie etwas aufzufassen, zu verarbeiten und zu artikulieren ist, ist nicht in das Ding, in die Situation oder den Gedanken zwingend eingeschrieben. Es ist eine Sache der Interpretation, wie eine Person etwas sieht, bewertet und kommuniziert.

Natürlich gibt es die Möglichkeit der Täuschung und auch immer ein Kontinuum: Mathematische Formeln sind weniger frei interpretierbar als lyrische Gedichte; und strenge Armut lässt weniger Freiheitsräume zu als Wohlstand. Grundsätzlich aber kann von keinem Prinzip, keiner Idee, keinem Regime, keiner Konstellation her eindeutig gefolgert werden, wie ein Mensch oder eine Gruppe von Menschen sie ausagiert und artikuliert.

Diese steile abstrakte Überlegung bedeutet enorme Konsequenzen für die Rede von ‚Erfahrung' generell und ‚religiöser' Erfahrung speziell. Denn auch hier gilt dieser Interpretationsspielraum. Taylor/Joas nennen ihn: Optionalität.

Gemeint ist, dass man den Erfahrungsbegriff dreistufig und nicht, wie oft präsentiert, zweistufig anlegen muss. Es gibt die Ebene des ‚Erlebens' und die Ebene des ‚Ausdrückens' bzw. des ‚Artikulierens'. Zwischen beiden Ebenen aber gibt es eben keine direkte Verbindung; diese wird vielmehr von der dritten Ebene des ‚Verstehens' gebildet. Erst alle drei Ebenen bilden das, was man eine ‚Erfahrung' nennt. Dieses ‚Verstehen'/‚Interpretieren' kann so eigenbestimmt und originell sein, dass es zu unvorhersehbaren Gesamtkombinationen der drei Ebenen kommen kann.

Ein Beispiel: Mit einem dreistufigen Erfahrungsbegriff würde man sagen: Jemand findet Ruhe und inneren Frieden in einer Kirche (Ebene ‚Erleben'). Also ist es für ihn/sie eine religiöse Erfahrung (Ebene ‚Verstehen'); und er/sie wird das auch anderen so berichten (Ebene ‚Ausdruck').

Das kann so sein; es kann aber auch anders sein: Denn das ‚Verstehen' ist optional. Ein Besuch in der Kirche kann auch *ästhetisch* interpretiert werden („Die schönen Fenster und das Licht machen mich ruhiger"); oder *sozial* („Endlich bin ich mal alleine, endlich komme ich mal runter"); oder *politisch* („Gut, dass es sogar im Kapitalismus unverzweckte Zonen gibt"); oder *volkstümlich* („Man muss die Seele auch mal baumeln lassen").

Umgekehrt gilt das natürlich auch: Ein scheinbar klar ästhetisches Erleben wie der Besuch in einem Museum kann religiös interpretiert werden („Was will Gott mir durch dieses schräge Gemälde sagen?") – genauso wie ein sportliches, soziales oder politisches Erleben.

Hat man diesen Zusammenhang durchdrungen, erschließt sich der Clou. Weltanschauliche Pluralität ist die Freiheit der Interpretation in welchem Glauben oder Muster auch immer. Niemand, vor allem keine Religion, zwingt mir irgendwelche Interpretationen auf. Alles Erleben ist uneindeutig – das ist der Preis, den man für den Lohn der persönlichen Interpretationsfreiheit zahlt. Und für manche ist dieser Preis überfordernd.[55]

Weltanschauliche Dialoge und das wechselseitige Verstehen von Weltanschauungen werden von der Ebene des Erlebens auf die Ebene der Deutung und der Artikulation gehoben. Um zu verstehen, was jemand als Erfahrung erzählt, muss ich ihre oder seine Deutung hören. Und das führt zu zweierlei Schlüssen. Erstens: Es gibt keine Deutungsmonopole mehr. Keine Kirche kann behaupten, diese Bibelstelle oder jenes Sakrament sei nur so oder so ‚richtig' verstanden. Zweitens: Die Qualität verständigungsorientierten Zusammenlebens ist abhängig von klaren, erprobten und gut zugänglichen Deutungssprachen. Hiervon gibt es viele – aber nicht so viele wie es Subjekte gibt. Denn wenn wir uns noch verstehen wollen, braucht es den Bezug auf größere Deutungsgrammatiken, die die meisten von uns kennen und benutzen können sollten.

Wir sollten, so Hans Joas zusammenfassend, „nicht einfach von einem Wechselspiel zwischen Artikulation und Erfahrung sprechen, sondern vielmehr von einem Wechselspiel zwischen erlebter Situation, präreflexiver Erfahrung, individueller Artikulation und kulturellem Vorrat an Deutungsmustern"[56].

Warum gehört dieser Gedanke in dieses Buch? Weil es beansprucht, zu diesem kulturellen Vorrat an Deutungsmustern etwas beizutragen. Wenn es auf den Punkt bringen will, was fehlt, wenn die Christen fehlen, dann will es im weiten Sinn sagen: Was dann fehlt, ist ein bestimmtes Deutungsmuster, mit dem man sich – optional, ohne inhärenten Zwang! – das Erleben der Welt zur Erfahrung machen lassen kann. Im engen Sinn sagt es: Was dann fehlt, ist diese Idee geistlicher Klugheit, die aus sich heraus drei lebenspraktische Kompetenzen und drei explizite Spiritualitätstypen eröffnet.

Weil es zentral darauf abhebt, Ressourcen für die eigene ‚Lebensleistung' zu erschließen, spielt das Buch eine Ebene des ‚Erlebens' ein, die jede und jeder kennt. Da man deuten muss, was einem zustößt oder was man initiiert, braucht es Deutungsangebote. Dieses Buch liefert welche. Man kann sie prüfen, ausprobieren, weglegen oder behalten. Da jede und jeder sich in weltanschaulich freien Zeiten den eigenen Reim aufs Leben machen kann – aber auch muss! –, kann das Buch nur beanspruchen, eine mögliche Ressource zu sein: eine Option.

Man kann eventuell mit dem Philipperhymnus und seinen Kompetenzangeboten etwas anfangen, ohne religiös zu werden. Was da an *dynamis* versprochen wird, gilt für alle, gilt für die ganze Schöpfung, ist kein Besitz der Frommen.

Viertens aber wird hoffentlich auch die Umkehrung erkennbar: Auch die hier stark gemachte religiöse Deutung braucht die Zufuhr der anderen Deutungssprachen. Wie kriegen andere es hin, anständig und kreativ die Lebensleistung zu bringen? Wie deuten es andere, wenn das Leben brisant und aufregend ist, wenn es schiefgeht und/oder wenn es banal vor sich hinplätschert?

Wir sprechen hier über die Errungenschaft von Religionsfreiheit, und zwar von hochqualitativer. Wenn auch sehr spät, so hat doch hierzu das letzte Konzil einen sympathisch kokreativen Vorschlag gemacht: „Die Wahrheit muß aber auf eine Weise gesucht werden, die der Würde der menschlichen Person und ihrer Sozialnatur eigen ist, (...) wodurch die Menschen einander die Wahrheit, die sie gefunden haben oder gefunden zu haben glauben, mitteilen, damit sie sich bei der Erforschung der Wahrheit gegenseitig zu Hilfe kommen (...).“[57]

Wenn dieser Gestus in einer Gesellschaft stilbildend wäre: sich gegenseitig bei dem zu Hilfe kommen, was man glaubt, gefunden zu haben – dann verlagert sich das Interesse von den scheinbar eindeutigen Ausgangspunkten wie Bibel, Kirchen, Sakramente, Dogmen usw. zu den optionsförmigen Deutungspotenzialen. Dann betritt man eine neue Arena. Hier geht es um Lebensleistung. Man kann sich neu bewähren. Man lernt Neues von anderen. Und für diese können religiöse Deutungen respektabel sein, auch wenn sie selbst nicht religiös gebunden sind.

Denn Lebensklugheit braucht jede und jeder. Christinnen und Christen stellen eine Variante bereit.

Kurzes Zwischenfazit und Lesehinweise zu den drei folgenden Kompetenzkapiteln

Das Buch kann an dieser Stelle ein kurzes Zwischenfazit vertragen. Die große Frage lautet: Was fehlt, wenn die Christen fehlen? Bisher wurden dazu folgende Antworten vorgetragen und begründet:

Gerade in nachchristlichen Zeiten sollte klar sein, was das Christsein im Kern ausmacht und was nur aus dem Kern folgt (Kap. 1).

Dieser Kern hat mit Existenzbewährung zu tun, sowohl mit individueller wie mit gemeinsamer: Christsein bezieht sich zentral auf die Herausforderung, dass man als erwachsene Frau und als erwachsener Mann seine Lebensleistung für sich und seine Leute bringen will und auch muss (Kap. 1).

Für diese Bewährung stellt Christsein eine bestimmte Form von Klugheit zur Verfügung. ‚Klug' ist eine treffende Übersetzung für ‚geistlich'. Christsein ist also die Entdeckung einer bestimmten Lebensklugheit. Diese kann in einer Kurzformel griffig ausgedrückt werden. Und sie ist eine Kompetenz. Sie hat mit Frömmelei, dogmatischer Blutleere und biederem Moralismus nichts zu tun (Kap. 2 u. 3).

Die genauere Beschreibung dieser Klugheit (griechisch: *phronesis*) wird in einem berühmten Text des Neuen Testaments fassbar. Das Christuslied aus dem Philipperbrief nennt drei Dimensionen dieser Klugheit: *physis, kenosis, dynamis* (Kap. 4). Mit diesen Worten und einer guten existenziellen Übersetzung kann man kurz und knapp beschreiben, was fehlt, wenn die Christen fehlen.

Der Clou: Das, was diese Klugheit ausmacht, ist keineswegs das Eigentum nur der religiösen Leute. Vielmehr liegt hier ein Lebenswissen vor, dass auch nicht-religiös Gebundene für sich nutzen können. Es ist Schöpfungswissen. So sieht das auch die Bibel (Kap. 5).

Die Kurzformel lautet daher:

Christsein ist eine bestimmte, nämlich geistliche Form von Klugheit (*phronesis*). Diese Klugheit motiviert zu drei Kompetenzen, die sich im Vollzug dauernd wechselseitig ergänzen: immer weniger wegrennen (*physis*); aus sich herauskommen (*kenosis*); Kraft von außen aufnehmen (*dynamis*).

So weit bis hierher. Nun müssen diese drei Klugheitsformen gut beschrieben werden. Dies ist der Inhalt der kommenden drei Kapitel; den Abschluss bilden kurze Notizen zum Gebrauch der Kurzformel.

Alle drei Kompetenzkapitel haben denselben Aufbau: Zunächst wird der Bezug von *physis, kenosis* oder *dynamis* zum Ziel der ‚Lebensleistung' wie zum biblischen Text im Philipperbrief hergestellt.

Dann wird eine bekannte spirituelle Persönlichkeit aus dem 20. Jahrhundert porträtiert, die die jeweilige Klugheitsdimension in besonders ausdrücklicher Weise gelebt und davon berichtet hat: Dietrich Bonhoeffer (*physis*), Chiara Lubich (*kenosis*) und Madeleine Delbrêl (*dynamis*).

Sicher ist dieser Blick auf die Profis motivierend. Damit er nicht einschüchtert, wird die jeweilige Kompetenz dann noch einmal fünffach bunt und multimedial visualisiert. Damit soll mehreres erreicht werden: Geistliche Klugheit soll sinnlich werden und einfach. Hier geht es ums Leben, also nicht nur um Denken und Verstehen, sondern auch um Fühlen und um den Aufbau von Motivation. Darum wird für jeden Sinn etwas angeboten: Man kann sich *physis/kenosis/dynamis*

– als Interview-
– oder Musikfilm anschauen,
– als Comedy vertiefen,
– als Bild meditieren
– und/oder sogar alles als Duft inhalieren.

Zugegeben: Auf diese multisensuale Palette der Verständnishorizonte sind wir stolz. ‚Wir', das ist das ‚Zentrum für angewandte Pastoralforschung' (zap) der Ruhr-Universität Bochum. Das junge Team dort hat mit mir zusammen digitale Formate konzipiert, Events geplant, Filme gedreht, Düfte komponiert und sehr viel um diese Inhalte herum geforscht, so dass dies möglich war. Die Einzelheiten kann man in eine Anmerkung packen.[58]

Hoffentlich macht es auf diese Weise Spaß, nun noch näher danach zu fahnden, was es mit den drei Klugheiten der Christen auf sich hat!

6. Die erste Kompetenz geistlicher Klugheit: immer weniger wegrennen müssen (*physis*)

Physis als Lebensleistung: der Sitz im Leben und der Sitz im Christushymnus

Es dürfte wenig Zweifel geben: Teil echter Lebensleistung ist es, sich seiner Wirklichkeit zu stellen. Als lebens*un*tüchtig gilt man schließlich, wenn man sich mit einer Ausrede nach der anderen aus der Verantwortung verabschiedet, die einem zu Recht zugeschrieben werden kann. Wer sich nicht wenigstens an den markanten Lebenspunkten zu seinen oder ihren Entscheidungen stellen lässt, der wird gelebt und von den Entscheidungen der anderen dominiert.

Dieses Ideal – sich seiner Wirklichkeit stellen – kann alle möglichen Konkretionen einnehmen: beim Partner, bei der Partnerin bleiben, auch wenn sich in der Beziehung etwas verändert; Frustrationen im Beruf oder in der Arbeitslosigkeit aushalten; eigene Fehler einräumen; vergangenen und verlorenen Optionen nicht gelähmt hinterherschauen; Sachen versprechen und halten; den Hintern hochkriegen, wenn ein Neuanfang unausweichlich ist; bei Positionen bleiben, auch wenn man Minderheit ist; usw.

Nun soll hier nicht einfach das Hohelied der guten alten Pflichtwerte gesungen werden. Das wäre doch zu simpel. Schließlich gehört es auch christlich zu einer gesunden Portion Lebenskunst, mal fünfe gerade sein zu lassen und den lieben Gott einen guten Mann (bzw. eine gute

Frau ☺). Sich seiner Wirklichkeit stellen kann auch heißen, sie mal einen Moment weglegen zu können. Auch passionierte Prokrastinierer können geistlich sehr kluge Leute sein. Der Sitz im Leben dieser ersten Kompetenz von geistlicher Klugheit geht nur oberflächlich an das hochherzige Ethos, seine Aufgaben gut zu erfüllen und keinen Schlendrian bei sich zu dulden.

Denn darunter liegen zwei Tiefenschichten; beide betreffen das aktive Moment, die herausgeforderte eigene freiheitliche Entscheidung.[59] Die erste Schicht betrifft jene Situationen, in denen die Akzeptanz der Wirklichkeit an die Schmerzgrenze geht. Dann will man einfach nur weg. Man spürt: Die Lebensleistung zu bringen, sich selbst treu zu bleiben, das führt in Gebiete, die gefährlich werden, Unerträgliches zumuten, vorhersehbare Nachteile bringen, Brücken hinter einem abbrechen, Wunden schlagen. Um jetzt zu stehen, braucht man einen ‚kulturellen Deutungsvorrat', wie es in Kapitel 5 hieß. Da muss es etwas geben, was aushalten lässt. Sonst rennt man.

Dies gilt auch dann – die zweite Tiefenschicht –, wenn die konfrontierende Wirklichkeit unklare Situationen produziert, denen man scheinbar ausweichen könnte, weil es eh keiner merkt: wenn es einem ohnehin niemand dankt; wenn Unrecht nur bekämpft werden kann, indem man es zugunsten höherer Werte hinnimmt; wenn man verzeiht, obwohl auch der andere seine Fehler gemacht hat; wenn man der Einzige ist, der vorangeht – bei den vielen, die nicht mitgehen.[60] Dies sind Herausforderungen innerer Freiheit, die einem gerade deswegen alles abverlangen, weil man sie ohne viel Aufsehens auch abschlagen könnte. In gewisser Hinsicht konstruiert man seine Wirklichkeit hier selbst: Solche Situationen werden erst im Licht eigener

Ideale, die man nicht verfehlen möchte, zu bedrängenden Aufgaben. Hier ergreift man selbst die Initiative.

Immer weniger wegrennen müssen – das ist dann eine begehrenswerte Kompetenz, wenn man sich zu dieser eigenen aktiven Freiheit entschlossen hat. Denn eigentlich weiß man erst dann, wie schwer das sein kann. Es geht weit über charakterlich angelegtes Pflichtbewusstsein hinaus.

Auf der anderen Seite weiß man eventuell auch, wie wertvoll es ist, Menschen zu kennen, die ihrem inneren Kompass folgen und nicht nur nicht wegrennen, sondern sogar einem Weg folgen, auf dem man sich ihnen anschließen kann. Dieses Ideal innerer Unabhängigkeit, dieser Freimut – also dieser Mut, sich seiner Freiheit aktiv und kreativ zu bedienen – und zugleich dieser Unmut, anderes als die eigenen Überzeugungen über sich herrschen zu lassen: das ist eine Ausdrucksweise geistlicher kluger Leute. Das ist *physis*, wie wir es hier nennen wollen.

Das Wort führen wir an das Gefängnislied aus dem Philipperbrief heran. Es kommt dort nicht wörtlich vor. In der antiken Literatur steht es für ‚Natur', ‚Wesen', ‚Konstitution', ‚Lebenseigenschaft'. Von Jesus heißt es in Vers 7: „Sein Leben war das eines Menschen" (siehe Grafik in Kap. 2). Das ist das *physis*-Wortfeld. Der Christushymnus erzählt eine *physis*-Geschichte von einem Menschen, den man feiert, weil er der ‚Natur' des Lebens, seinem ‚Wesen', seiner ‚Konstitution' nicht ausgewichen ist. Der sich seiner Wirklichkeit gestellt hat. Und das aus freier Selbstinterpretation; und das, obwohl ihm sein Freimut überaus schwergemacht wurde – „bis zum Tod, bis zum Tod am Kreuz" (V. 8).

Das ist das erste Trainingsziel geistlicher Klugheit: immer weniger wegrennen.

Einer, der nicht weglief: Dietrich Bonhoeffer als Experte für *physis*-Klugheit

Sucht man einen Coach für den Trainingsparcours der *physis,* empfiehlt sich der Kontakt zu dem evangelischen Pfarrer und Privatdozenten Dietrich Bonhoeffer.

Bonhoeffer entstammte großbürgerlichem Hause, lebte von 1906 bis 1945 und wurde ein Opfer der Nationalsozialisten. Er war Mitglied des Verschwörerrings rund um Admiral Canaris und Oberst Oster, die für das Attentat auf Hitler am 20.7.1944 mitverantwortlich zeichneten. Des Widerstandes angeklagt, erhängte man ihn kurz vor Kriegsende im KZ Flossenbürg, zusammen mit Canaris und Oster. Vorher war er etwa zwei Jahre in Haft.[61]

Ohne weinerlich zu werden – was Bonhoeffer ohnehin missfallen hätte –, kann man seinem Leben schon auf den flüchtigen ersten Blick hin bescheinigen, dass dieser Mann auf die Realisierung vieler Potenziale und Träume verzichten musste. Weder konnte er sein herausragendes theologisches Können systematisieren; noch konnte er die Liebe seines Lebens heiraten; noch führten seine Widerstandspläne gegen Adolf Hitler zum Erfolg.

Insofern gab es viele Gelegenheiten für ihn, wegzurennen – sei es innerlich als innere Emigration, sei es äußerlich als Flucht. Noch in den letzten Tagen seiner Gefangenschaft bot man ihm Fluchtpläne an; und schon weit vorher hätte er alle Chancen und sogar pastorale Rechtfertigungen gehabt, sich dem offenen Widerstand zu verweigern.

Doch Bonhoeffer stellte sich den Ansprüchen seiner inneren Freiheit, blieb, hielt aus, akzeptierte seinen Platz – und schrieb Briefe. Die umfangreiche Sammlung seiner

Texte aus der Haft gehört bis heute zu den eindrücklichsten Zeugnissen geistlicher Kraft und theologischer Weitsicht. Gerade die Haft mit der Zerstörung seiner großen persönlichen Wünsche katalysierte bei Bonhoeffer ein ganz bestimmtes Spiritualitätsprofil, eine ganz bestimmte Variante von mentaler Klugheit. (Hier liegt übrigens eine eindrückliche Parallele zu unserem biblischen Orientierungstext, dem Gefängnisbrief des Paulus an die Philipper.) Es ist die Spiritualität einer entschlossenen Liebe zur Wirklichkeit und der kompromisslosen Verweigerung irgendwelcher religiöser Privilegien; und dies alles nicht trotz, sondern als Ausdruck tiefer christlicher Religiosität. „Später erfuhr ich und ich erfahre es bis zur Stunde, dass man erst in der vollen Diesseitigkeit des Lebens glauben lernt."

Hier ist nicht der Raum, dies ausführlich zu belegen. Man müsste zum Beispiel oft Bonhoeffers klare Sprache zitieren, um Eindruck zu erzeugen. Darum bleibe ich bei dem Bild des Trainingsparcours: Es sind fünf schweißtreibende Übungen, in denen Coach Bonhoeffer – das Bild würde ihm gefallen – uns beibringt, wie man immer weniger wegrennt.

Trainingsziel 1 lautet: ‚*Erwachsen werden und auch so leben*'. Bonhoeffer wird ärgerlich, wenn jemand seinen Glauben herannimmt, um nicht erwachsen werden zu müssen. So wie die ganze Kultur sich im Laufe der Jahrhunderte aufgeklärt und alle Gängeleien abgeworfen hat, so soll auch spirituelles Leben dazu führen, autonom zu leben – und damit voll verantwortlich. Berühmt ist Bonhoeffers Polemik gegen ‚billigen' religiösen Trost. Er vergleicht ihn mit Ramsch, Schleuderware, Kinderkram. ‚Teuer' ist Trost,

Zuspruch, Gnade dann, wenn dadurch das notwendige Handeln in der eigenen Lebensleistung nicht wegnarkotisiert, sondern man zu ihm befähigt wird.

Trainingsziel 2: ‚*Niemanden religiös erpressen*'. Zu oft erlebt Bonhoeffer, dass religiös Gebundene ihre nicht-religiösen Zeitgenossen als defizitär ansehen. Sie wollen ihnen einreden, etwas zu brauchen, was diese bisher gar nicht vermisst haben. Und das geschieht, weil man es feige nicht erträgt, dass andere zu anderen bedeutenden Lebensentdeckungen gekommen sind. Der Coach aus Zelle 92 wird hier sehr deutlich: Das sind „pfäffische Kniffe"; man fährt eine „Attacke der christlichen Apologetik auf die Mündigkeit der Welt". So etwas findet er schäbig und hält es „erstens für sinnlos, zweitens für unvornehm, drittens für unchristlich".

Trainingsziel 3 heißt daher: ‚*Vor und mit Gott ohne Gott leben*'. Das ist verblüffend. Schließlich spricht da ein Pfarrer. Aber die Richtung dürfte schon klar sein: „Nicht erst an den Grenzen unserer Möglichkeiten, sondern mitten im Leben muss Gott erkannt werden; im Leben und nicht im Sterben, in Gesundheit und Kraft und nicht erst im Leiden, im Handeln und nicht erst in der Sünde will Gott erkannt werden." Eine *physis*-Spiritualität anerkennt das wissenschaftliche Weltbild, will nicht hinter es zurück und feiert es als Steigerung von Freiheit; sie entwickelt ein feines Qualitätsgefühl für jedwede Leistung der Humanität; sie kann eigene und andere Erfolge schätzen; sie kann dem Leben eine Ordnung geben; und sie investiert sich in das gelingende Leben der anderen – seien diese religiös oder nicht.

Man sieht: Die Gottesvorstellung wird nicht benutzt, um Leute, Dinge und Ideen kleinzuhalten, sondern um sie großzumachen. Es ist der Gottesglaube selbst, der dazu befähigt, in voller Immanenz zu leben und zu schaffen. „Nicht die unendlichen, unerreichbaren Aufgaben, sondern der jeweils gegebene erreichbare Nächste ist das Transzendente."

Puh, *physis*, man kommt ganz schön ins Atmen.

Trainingsziel 4 – ‚*sich selber anerkennen*'. Reden wir nicht drumherum: mit sich als Partner einigermaßen versöhnlich umzugehen, ist eine der schwersten Übungen. Gleichzeitig ist es der Inhalt jeder Lebensleistung, von jeder und jedem. Bonhoeffer selbst gibt Einsicht in seine Selbstzweifel und in seine Ungeduld mit seinem Unvermögen. Wer den Coach mal selbst unter der Hantel erleben will, der googelt sein bekanntes Gedicht „Wer bin ich?" Bonhoeffer schreibt es unmittelbar vor dem Attentat am 20.7.1944 – und sowohl die schonungslose Selbstanalyse wie der Schluss gehen unter die Haut.

Die letzte Station ist Trainingsziel 5. Wie kann man nun noch religiös sein, wenn alle orthodoxen Wege von Bonhoeffer versperrt scheinen – weil sie verkindlichen, schäbig sind und nicht auf der Höhe der Zeit; weil sie ohne Gott auskommen müssten, sich aber genau diese Mündigkeit nicht zutrauen. Wiederum verblüfft die Pointe Bonhoeffers. Er dreht es um: Spitze eines autonomen, reifen religiösen Lebens ist für ihn nicht, dass Gott dem Menschen beistehen soll – das macht er ohnehin, aber auf seine unverfügbare Art. Sondern: Der glaubende Mensch gehe dorthin, wo er seinem Gott beistehen kann. Das aber kann er vor allem am Kreuz: Da dieser Gott sich zum Menschen erklärt, die Armut wählt, allen ungerecht Verfolgten aktiv solidarisch ist und den letzten Platz einnimmt, ist dies auch der Platz derer, die zu Gott gehören wollen. „Nicht der religiöse Akt macht den Christen, sondern das Teilnehmen am Leiden Gottes im weltlichen Leben." „Unser Verhältnis zu Gott ist kein ‚religiöses' zu einem denkbar höchsten, mächtigsten, besten Wesen (...), sondern unser Verhältnis zu Gott ist ein neues Leben im ‚Dasein-für-andere', in der Teilnahme am Sein Jesu."

Man sieht: *physis* ist jene Form geistlicher Klugheit, mit der man nicht aus der Wirklichkeit herauskommt, sondern tief in sie hinein.

Mit allen Sinnen: Materialien zum Verstehen der *physis*-Klugheit mit allen Sinnen

... als Interview

Mit großen Lampen kann man vieles sehen. Trotzdem werden Leuchttürme missverstanden, wenn man mit ihnen Taschenlampen frustrieren will. *Physis* bei Dietrich Bonhoeffer ist sicher so ein Leuchtmittel mit größter Strahlkraft. Wichtig ist aber nicht das heroische Leben an sich, das alle bestaunen, sondern kreative Treue zur eigenen Freiheit.

Es ist daher zusätzlich zum besonderen Beispiel von Bonhoeffer wichtig, die *physis*-Klugheit als auch heute lebbare Alltags-Spiritualität darzustellen. Hierzu sei empfohlen, das youtube-Video der Theologischen Late-Night-Show ‚Sellmanns Guter Abend' von Minute 6.15 bis 16.33 anzuschauen. Man begegnet dort Bärbel Ackerschott, einer Sozialarbeiterin aus Köln. Sie leitet das NOTEL, die Notschlafstelle für drogenabhängige Obdachlose. Wir sprechen in den etwa zehn Minuten über ihren Beruf, ihre Berufswahl, ihren Alltag, ihre Ideale. Was deutlich wird: Sie „lebt das Leben eines Menschen“ (Phil 2,7), also *physis*-kompetent. Soll heißen: Sie hat sich entschieden, nicht wegzurennen, wenn es jemandem schlecht geht. Und: Sie findet in Jesus von Nazareth einen Partner, einen ‚kulturellen Deutungsvorrat‘ (Kap. 5), der ihr hilft, zu ihrer Freiheit zu stehen.

… als Comedy

Physis zum Lachen bietet der Kölner Comedian Dave Davies in demselben Film (Min. 16.33–Min. 19.30). Als Appetizer hier nur der Lebenstipp seines weisen Großvaters aus Uganda: „Hast du den Finger im Mund von deinem Feind, hau ihm nicht auf den Kopf!“

… als Raumduft

Wie riecht *physis*? Wie kann man das, was *physis* ausmacht und was zu *physis* motiviert, für den Riechsinn erschließen? Zusammen mit dem bekannten Berliner Parfümeur Marc vom Ende haben wir als ersten von vier Raumdüften PHYSIS entworfen. Er ist das Angebot der zap-aerothek für die Advents- und Weihnachtszeit.

Unsere Vorgaben waren unter anderem diese:

- Klima und Kultur: Jahresende; Schnee; Winter; Ruhe; Stille, Einkehr; Familie;
- Fokussiertes Emotionszentrum: ‚Bauch‘; behaglich, geborgen, beschützt, erkannt, beantwortet, nach Hause geführt
- Symbolsprache: Krippe; besinnliche Gesänge; Nacht und Sterne, Segen

– Kurze theologische Festaussage: Gott wird Mensch in Jesus aus Nazareth
– Spirituelle Drift: „Aus der Tiefe zu mir hin“: nachdenklich; nach innen gekehrt; zentriert; defensiv-behutsam-abwartend.

Marc vom Ende beschreibt seine Komposition mit folgender Formulierung:

PHYSIS©: Ein Duft mit frischer Kopfnote basierend auf Orange und Mandarine, einer klaren warmen blumigen Herznote und einem reichhaltigen Fond mit holzigen Noten und Vanille.
Die Komposition ist angereichert mit Spuren von verschiedenen Gewürzen, die dem Duft Wärme geben.

Der Clou des Duftes liegt im Duftstoff Vanillin. Was man so eher nicht weiß: Vanillearomen dominieren in der Muttermilch. Dieses Phänomen ist geradezu physiologisch, die Wiedererkennung ist interkulturell: Menschen aller Herkünfte codieren Vanille unbewusst oder bewusst auf Babys und stillende Mütter hin.

Welche Duftsprache könnte sympathischer an das theologische Geheimnis von Weihnachten erinnern? Schließlich stehen hier ein kleiner Mensch und eine stillende Mutter im Mittelpunkt. Menschwerdung aber ist die Kompetenz der *physis*: Körperwerdung, Wirklichkeitskonfrontation, Entscheidung zum Leben.

… als Musik

Das Stichwort ‚Weihnachten‘ ist schon gefallen. Weihnachten ist das große Trainingscamp der Christinnen und Christen, um ihre *physis*-Kompetenz zu stärken.

In der Musik Johann Sebastian Bachs hat sich dies vielfach ausgedrückt: am bekanntesten wohl im Beginn des Weihnachts-Oratoriums (BMV 248 I/1; Min. 02.44–Min. 05.53).

Neben diesem Stück bietet unser Kantatenfilm noch folgende zwei Einspielungen: „Solang ein Gott im Himmel lebt“ (BMV 20/7; Min. 00.00–Min. 01.13); „Schaut hin, da liegt im finstern Stall“ (BMV 248 II/17; Min. 01:35–Min. 02.44).

Wer dem beeindruckenden Chor und Orchester rund um den Dirigenten Christoph Spering zuhört und bis hierhin inhaliert hat, was mit *physis* gemeint ist, der kann sein Verständnis um eine kraftvolle akustische Inspiration bereichern.

… als Bild

Eine fünfte Vertiefung dessen, was hier mit *physis* gemeint ist, liefern die ersten beiden Bilder des Elija-Zyklus.[62] Wenn man sie nebeneinanderlegt und den Blick immer wieder hin- und herwandern lässt, werden beide Bilder zu einem Minifilm. Und der hat Drama. Zwischen beiden Bildern ist etwas passiert; zwischen beiden liegt die Bereitschaft, sich der Wirklichkeit (wieder) zu stellen: *physis*.

Ich empfehle, den zugehörigen Text zu lesen. Er steht in dem biblischen Buch ‚Erste Könige‘, Kap. 19,1–7. Aber auch ohne diese näheren Informationen sieht man in Bild 1 unschwer einen verzweifelten Mann. Der kann nicht mehr und will es auch nicht mehr können. Besonders eindrücklich wird dies an dem Parallelogramm, das das linke Bein und der linke Arm bilden: Das Bein ist senkrecht in die Erde gestampft, damit der Arm die Hebelkraft bekommt, den Kopf auf den Stein niederzudrücken. ‚Verzweiflung‘, so der Titel des Bildes. Die ganze Szene ist ohne Farbe, hat viel Leerraum und bezeugt tiefe Einsamkeit. Im Text sagt Elija: „Nun ist es genug, Herr. Nimm mein Leben; denn ich bin nicht besser als meine Väter“ (1 Kön 19,4). Im hebräischen Original ist die Sprache übrigens krasser, auch Gott gegenüber aggressiv, patzig, genervt: „Genug jetzt endlich!“

Auf jeden Fall geht es ums Scheitern: Ein Mensch kann nicht mehr; er schneidet im Vergleich zu dem, was ihm wichtig ist – „meine Väter“ – so schlecht ab, dass er im Weitermachen nur Schaden sieht. Als Betrachter des Bildes und als Hörerin des Textes begegnet Elija als einer, der wegrennt. Bild 1 zeigt Elija daher nicht als *physis*-kompetent.

Niemand, der wirklich riskant lebt, wird ihn dafür kritisieren. Wie schon bei Bonhoeffer ansichtig wurde, ist *physis* kein Zaubertrank; es ist ein Versprechen.

Und darum geht die Geschichte auch weiter. In Bild 2 bleibt die ganze Szene zwar identisch: der Stein, der Busch, die Leere. Aber Elija ist aufgerichtet. Sein linkes Bein dient wieder der Körperhaltung statt der Körperbezwingung. Er isst und trinkt, ist also wieder zu Lebensgesten fähig. Sein Blick geht vorsichtig in die Weite – sicher nach wie vor abwartend, aber immerhin: Das ganze Bild bezeugt Veränderung, Umbruch, aufkeimende Bereitschaft. Neue Disposition.

Im Text heißt es, dass ein Engel ihn berührt und Brot und Wasser hinstellt. Elija erlebt *physis*: immer weniger wegrennen müssen.

7. Die zweite Kompetenz geistlicher Klugheit: aus sich herauskommen (*kenosis*)

Kenosis als Lebensleistung: der Sitz im Leben und der Sitz im Christushymnus

Die Klugheit, vor einer Herausforderung oder einer Verantwortung nicht wegzulaufen, kann eine bestimmte reaktive Qualität erfordern. Die Lebensleistung kann einfach darin bestehen, auszuhalten und seinen Job zu machen. Wir haben an Bonhoeffer gesehen, dass *physis* weit mehr sein kann als dieses Reaktive. Aber schon dies kann echte Größe beweisen. Es ist stark und Anfang von allem, wenn es Menschen gibt, die überhaupt erst einmal standhalten.

Oft gesellt sich eine zweite Qualität hinzu, die die offensive, gestalterische Seite desselben Mutes ausdrückt. Sie sei hier bezeichnet als *kenosis*. Ein einfaches, altes, schönes Übersetzungswort ist: Hingabe. *Kenosis* ist die zweifache Kompetenz, erstens von sich weg- und zweitens bei einer oder einem anderen anzukommen. Oft hat dieses Risiko eine beglückende und unerwartete Krafterfahrung zur Folge: dass nämlich das Investment für andere dazu führen kann, zusätzlich zu diesem anderen auch sich selber neu zu finden. Indem ich mich gebe, werde ich mir neu gefunden – wir werden diese Krafterfahrung als *dynamis* bezeichnen. Viele, die ein engagiertes Leben führen und sich aktiv in das Wohlergehen anderer investieren, kennen diesen verwandelnden Rhythmus aus ‚go and flow', Hingabe und Erfüllung, Sprung und Kraft.

Das Wort *Kenosis* bezeichnet die Kompetenz der Hingabe. Sie ist eigenständig. Sie verrät sich selbst und verpufft, wenn sie nur taktische Vorstufe für den *Flow* sein will. Es gibt hier keinen Automatismus. Am Anfang steht, dass man etwas gibt, nicht, dass man etwas bekommt. Da liegt der Mut. Geistliche Klugheit befähigt zu ihm.

Der Begriff ist sperrig. Er stammt aus dem Christushymnus. Von dem, der bei Gott war, heißt es, dass er sich entäußerte und wie ein Mensch wurde, den Menschen gleich (Phil 2, 7). Für dieses ‚Entäußern' steht das Wortfeld rund um *kenosis*. Und darum passt es auf bestimmte Weise gar nicht in diesen Text hinein. Denn der ist feierlich, zeichnet ein großes edles Gemälde und ist rhetorisch kunstvoll zusammengestellt. *Kenosis* aber stammt aus der Alltagssprache – und zwar aus der harten. Wo man etwas wegschüttet und auskippt; wo man sich verausgabt, sich entleert; wo alles vergeblich und unnütz ist – da greift dieses Wort. Es ist Slang der Gosse.

Und damit wird es Programm. Hingabe wäre keine, wäre sie ohne Risiko. Der Protagonist des Christushymnus ist zu einem Positionswechsel bereit, geht aus seiner Komfortzone heraus und macht damit im wahrsten Bewegungssinn des Liedes eine ‚Karriere nach unten'. Entäußerung, das meint hier: nicht nur etwas geben, sondern sich selbst. Der eigentlich ganz unhöfliche Sprachausdruck passt deswegen, weil Hingabe etwas sehr Ernstes beinhaltet: das Risiko, eben nichts zurückzubekommen – und trotzdem so zu leben.

Wer Glück hat, kennt solche Leute. Sie laufen nicht nur nicht weg, sondern zu etwas hin. Sie bleiben, indem sie gestalten. Sie engagieren sich. Das Wort kommt aus dem Französischen und ist herrlich mehrdeutig. ‚s'engager' kann zum Beispiel heißen: sich verpfänden. Engagierte Leute kennen ein Reservoir, das man nur anzapfen kann, wenn man riskiert, es nicht zu finden. Das ist paradox: Aber anders ist kaum erklärbar, wie manche Leute ihren Idealismus durchhalten. Es muss da etwas jenseits dessen geben, was man kennt.[63]

Kenosis-kluge Leute gibt es überall. Es sind die, die nicht die Schnürsenkel ihrer Schuhe anmeditieren, sondern sich melden, wenn jemand gebraucht wird. Sie sind voller Fantasie, wo man noch etwas Zeit, etwas Geduld, etwas Geld für die erübrigen kann, die es nötiger brauchen. Diese Leute sind nicht einfach nur nette Nachbarn, soziale Charaktere oder konfliktschwache Immer-ja-Sager. Natürlich soll gar nicht bestritten werden, dass es hier wie überall Pathologien gibt: zwanghafte Helfersyndrome, naives Gutmenschentum oder nervigen Aktivismus. Natürlich kann Hingabe zu Opfern führen, die niemand wollen kann.

Aber sehr oft ist bei diesen *Kenosis*-Entschiedenen unter der Oberfläche des harmlos Freundlichen eine hochgradig belastbare, geradezu trotzige widerstandsfähige Substanz eines tiefen Glaubens an menschliche Werte zu finden. Man kann da auf einen Kompass stoßen, der unter normalen Bedingungen unkorrumpierbar ist und der die ganze Biografie darauf ausrichtet, nicht nur auf das eigene Wohl zu achten. Da kann kommen, was will: Bei allem Realismus – der oft überraschend nüchtern ist – lassen sich diese im Kern knochenharten Typen den Glauben an das mögliche Bessere einfach nicht abnehmen. Sie sind positiven Deutungen begegnet, die sie seltsam resistent machen gegen die Enttäuschungen, die sie sich andauernd durch ihren großzügigen Lebensstil selbst einhandeln. Dies können die ganz einfachen Deutungen der Volksweisheit („Wer nicht kämpft, hat schon verloren“) sein oder die großen Grammatiken des Moralischen – seien sie politisch, philosophisch, unternehmerisch, lebenskünstlerisch. Irgendetwas, irgendwer hat sie an die Idee humaner Mitmenschlichkeit verpfändet. Und sie haben es zugelassen.

Auch der große Deutungsvorrat der Christinnen und Christen kann eine solche Ressource des Widerstands gegen Egozentrismus, Zynismus und Antriebslosigkeit sein. Sie jedenfalls werben dafür, dass man mit dieser Klugheit gut durchs Leben kommt: *kenosis*.

Eine, die sich investiert hat: Chiara Lubich als Expertin für *kenosis*-Klugheit

So wie man mit Dietrich Bonhoeffer eine ausgeprägte *physis*-Spiritualität kennenlernt, so kann die Italienerin Chiara Lubich als ausgewiesene *kenosis*-Expertin gelten. Chiara Lubich ist unbekannter als der evangelische Pfarrer aus dem Widerstand. Die kleine drahtige Frau aus Trient lebte von 1920 bis 2008. Sie gründete die weltweit präsente Fokolarbewegung, die heute nach eigenen Angaben etwa zwei Millionen Mitglieder und Sympathisanten zählt.[64] Ohne Zweifel kann man sagen, dass Chiara Lubich neben Persönlichkeiten wie Frère Roger von Taizé, Mutter Teresa von Kalkutta oder Andrea Riccardi zu den großen geistlichen Gestalten des 20. Jahrhunderts gehört. Deren großer Verdienst ist es, neue spirituelle Wege eröffnet zu haben, die es erlauben, auf der Höhe der Zeit und in innovativer Weise Christ und Christin zu sein.

Dabei zählen die sogenannten ‚geistlichen Bewegungen', wie man die Fokolarbewegung, die Charismatische Gemeindeerneuerung oder St. Egidio nennt, zu den originären Aufbrüchen des Zweiten Vatikanischen Konzils. Die ‚movimenti' sind Gruppierungen, die von Nicht-Klerikern geleitet werden, Diakonie und Verkündigung kreativ verbinden, stark biblisch geprägt sind und über diese Qualitäten neue existenzielle Identifikationsangebote für religiöses Leben machen.

So ist das auch bei Chiara Lubich. Auch sie hat die Fokolarbewegung nicht aus dem Fernsehsessel heraus gegründet. Vielmehr ist ihre Geschichte eine bewegende Abfolge von geistlichen Entdeckungen, Erprobungen, Enttäuschungen und schrittweisen Wachstumsschüben. Durchmustert man die Jahrzehnte dieser Geschichte, schält sich nach und nach das heraus, was die Leute von der Fokolarbewegung ‚Spiritualität der Einheit' nennen. Diese Spiritualität trägt alles.

Hier ist nicht der Raum, diesen Entwurf geistlichen Lebens ausführlicher vorzustellen. Was uns beschäftigt, ist die Nachfrage, wie man von Chiara Lubich die *kenosis*-Kompetenz erlernen kann. Und da kommt reiche Ernte in den Blick.

Denn Chiara Lubichs spirituelle Basisentdeckung ist der Zusammenhang von menschlicher Synergie, Hingabe, Schmerz und Verwandlung. Ihr Hauptbegriff der ‚Einheit' deutet die erfrischende Erfahrung, mit anderen Menschen so verbunden sein zu können, dass man drei Ziele gleichzeitig realisiert:

– Man erlebt die Passung zur eigenen Person („Ja, so bin ich; so will ich sein; so bin ich gedacht");

- man katalysiert denselben Passungseffekt bei anderen Menschen („Aha, so ist der/die andere also; so will der/die, dass ich ihr begegne") – man wird sozusagen glücklicher Grund ihres Glücks;
- und man wird mit den anderen zusammen fähig, sich wiederum dritten anderen zur Verfügung zu stellen („Zusammen leben wir für andere").

Einheit bei Lubich ist also weder Mittel zum Zweck der Selbstverwirklichung noch abgesonderte Gruppenseligkeit noch Zweckverbund für soziale Aktivitäten – obwohl Elemente aller drei Aspekte wirken und wirken dürfen. Einheit bei Lubich ist ein neues soziales Ideal, das dem großen jesuanischen Versprechen folgt: „Liebt einander, wie ich euch geliebt habe" (Joh 13,24). „Niemand hat eine größere Liebe, als wer sein Leben hingibt für seine Freunde" (Joh 15,13). „Wir sind vom Tod zum Leben hinübergegangen, weil wir die Brüder (und Schwestern) lieben" (1 Joh 3,14). Mit anderen Worten: Einheit ist eine Erfahrung von sowohl spiritueller wie menschlicher Passung, die sich einer bestimmten Bereitschaft verdankt: lieben zu lernen; Hingabe zu lernen. *Kenosis.*

In zahllosen Büchern, Vorträgen und Videos hat Chiara Lubich diesen Zusammenhang von Hingabe und Einheit entfaltet. Es ist nicht übertrieben zu sagen, dass sie ein ganzes *kenosis*-System vermittelt hat: mit sieben großen Dimensionen liebender Existenz, sogenannten ‚Werkzeugen der Einheit', Schritten der Liebe, Wegetappen geistlichen Lebens, Rollen neuen Zusammenlebens, Statuten usw.[65] Studiert man all das genauer, erkennt man ein bestimmtes Grundmuster, welches zwar in romantischer Sprache daherkommt, an Realismus aber wenig zu wünschen übrig lässt, wenn man es lebt. Gemeint ist eine Art Basisvorgang, ein Molekül, aus dem alles entstammt und ohne das nichts wächst, was Bestand haben soll. In dieser ‚Spiritualität der Einheit' zu leben heißt, diese Basisbereitschaft zu zeigen und je neu damit anzufangen. Worauf man hier stößt, ist, wie man *kenosis*-Kompetenz lernt.

Es sind vier Schritte. Lubich umschreibt mit ihnen, was sie die „Kunst der Liebe" nennt. Hier geht es schon um Sympathie, Gefühle und großes Pathos; allerdings vor allem um eine umfassende Disposition, zu der man sich entscheidet. Die Schritte heißen: alle lieben // als Erster lieben // konkret lieben // sich einsmachen (= gegenseitige Liebe).[66]

Fremde Sprache, zugegeben. Aber diese kann man erschließen. Der wichtigste Verständnisschlüssel ist der vierte Schritt, weil er die Ergebnishoffnung markiert. Mit dem Ziel, mit anderen das „Sich-Einsmachen" zu erreichen, rückt Lubich eine spannende Erweiterung des *kenosis*-Gedankens in den Blick, ohne die die Rede von ‚Hingabe' schnell missverständlich wird.

Denn das Ziel kluger *kenosis* ist eben nicht, was man schnell denken könnte: Hauptsache, ich baue eine soziale, engagierte Lebenshaltung auf; Hauptsache, ich übe mich in der „Kunst des Liebens"; Hauptsache, ich komme auf diesem spirituellen Weg irgendwie voran. Diese Selbstverpflichtung auf Altruismus ist für Lubich nur die Hälfte der Medaille. Oft degeneriert dieses Bemühen ja sogar zur Selbstüberforderung, zum Helfersyndrom oder zum Zynismus, den anderen als Mittel zum Zweck der eigenen moralischen Selbstvervollkommnung zu missbrauchen. Lubich sieht diese Gefahren als Schlagseite sogenannter „individueller Spiritualitäten".

Diesem Typ setzt Lubich einen neuen an die Seite: die „gemeinschaftliche Spiritualität". Ihr Ziel ist der Aufbau neuer sozialer Zellen, ganz gemäß dem bekannten jesuanischen Satz: „Wo zwei oder drei in meinem Namen versammelt sind, da bin ich mitten unter ihnen" (Mt 18,20). *Kenosis* findet also ihr Ziel in einem Zustand, den die oder der Einzelne gar nicht alleine erreichen kann. Es braucht eine ko-kreative Bewegung. Das ist Lubichs Innovation, das ist ihr Clou.

Das „Sich-Einsmachen" ist der praktische Schritt dazu. Die Idee ist verblüffend einfach: Liebe deinen Nächsten so, dass auch in ihm der Wunsch stark wird, ein liebender Mensch zu werden. Mach dich mit ihr eins bedeutet: Liebe sie so, wie sie es braucht, damit dieses spezifische Hingabe-Potenzial in ihr aktiviert wird. Das Ziel ist nicht, dass ich liebe, sondern dass der andere ebenfalls mit dieser Kunst beginnt.

Diese Blickverschiebung verändert den Stil engagierten Lebens. Sein Maß wird nun nicht, irgendetwas *für* den anderen zu tun, sondern es irgendwann *mit* ihm für weitere andere tun zu können. Liebe im kenotischen Sinn ist Liebe, wenn sie fremde Liebe weckt. Dieser Effekt wird sich aber nur einstellen, wenn man sich auf den anderen bezieht und nicht den anderen auf sich.

Dieser Weg zu dieser Bereitschaft des anderen, ko-kreativ zu werden, geht über die drei ersten Schritte des Programms. Das wird nun leicht einsichtig.

- *Alle lieben*: nicht selektieren; nicht exkludieren. Würde man feststellen, dass nur ausgewählte Leute in diese ko-kreative Dynamik einsteigen dürfen, wird sie unglaubwürdig.

- *Als Erster lieben*: Diese Art, eine ko-kreative Beziehung anzubieten, steht unter Risiko. Sie kann leicht ausgenutzt werden. Darum ist es eine Leistung, wenn jemand sie als Erstes anbietet. Zur Kunst des Liebens gehört, dass ich dieser Erste bin, der die Gegenseitigkeit anbietet. Ich gehe in Vorleistung. Ohne dieses Risiko wird nichts entstehen.
- *Konkret lieben*: Gemeint ist keine grundsätzliche Menschenliebe, sondern eine im Hier und Jetzt. Ob ich es ernst meine, wird die andere nur erkennen, wenn ich in ihren Modus einsteige, die Welt von ihr her sehe und exakt für ihr Leben bereichernd sein will.

Wie gesagt: Das klingt vielleicht recht lieblich. Für religiös Ungebundene muss es auch sicher aus dem Wortschatz des Frommen herausgeholt werden. Im Kern ist es aber ein anspruchsvolles Programm für einen Umgang miteinander, der nicht nur solidarische Kraft entfaltet, sondern darüber hinaus auch kreative: Die Synergie von Gemeinschaft wird eröffnet, ohne dass sich abschließende Zellen bilden, zu denen Außenstehende keinen Zugang bekommen. Nichts ist solche ‚Einheit' weniger als Gruppentümelei. Vielmehr greift soziale Intelligenz: Proaktive Einzelne stellen sich ihren Nächsten zur Verfügung, indem sie ihnen eine ganz spezielle Beziehung anbieten; in dieser wird der Nächste motiviert, ebenfalls in diese Proaktivität zu wechseln. Hingabe wird also gegenseitig, das ist Ziel 1. Sie erfüllt sich aber nicht im trauten Miteinander, sondern katalysiert sofort wieder das Potenzial weiterer Personen. Das ist Ziel 2. Und so wirkt *kenosis* ansteckend, baut Plattformen, entbindet Verlässlichkeit, setzt immer mehr Leute in Gang.

Hingabe, *kenosis* bei Chiara Lubich: Das ist auch, aber nicht in erster Linie die Charakterstärke einzelner guter Menschen, sondern Aufbauelement einer robusten Kultur sozialer Klugheit.

Materialien zum Verstehen der *kenosis*-Klugheit mit allen Sinnen

… als Interview

Solche ‚Hingabe' ist zugleich eine zivilgesellschaftliche Notwendigkeit wie eine faszinierende Kompetenz. Oft wird sie beruflich greifbar. Dann ‚brennen' Menschen für das, was sie tun; es heißt dann: ‚Der gibt alles'; oder: ‚Die ist mit ihrem Job verheiratet.'

In der Theologischen LateNightShow ‚Sellmanns Guter Abend' kamen zwei Gäste zu diesem Thema zu Wort. Beide leben ihre beruflichen Spezialkenntnisse im Dienst für das Wohl anderer Menschen; einer davon aus religiöser, der andere aus humanistischer Motivation. Die Rede ist von dem Diakon und Feuerwehrmann Ulrich Slatosch, der für das Bistum Essen die Notfallseelsorge koordiniert; sowie dem Bochumer Bestatter Christian Fritz.

Von Ulrich Slatosch zu sagen, dass er für seine Sache ‚brennt', stimmt zwar; es klingt für einen erprobten Feuerwehrmann dann aber doch etwas bizarr. Er erzählt, warum er dort hineingeht, wo die anderen herauslaufen (Min. 24.26–Min. 31.49). Christian Fritz berichtet unter anderem von seinem Einsatz als Thanatopraktiker beim Erdbeben von Gölcük in der Türkei im August 1999. In einer einzigen Nacht starben dort über 18.000 Menschen. Christian Fritz und seine Kollegen wollten helfen, verließen ihre Komfortzone, lebten *physis* und *kenosis* – und mancher schlug damit ein neues Kapitel seiner Biografie auf (Min. 31.50–Min. 40.28).

… als Comedy

Auch Dave Davies hat einiges zu sagen zu der Freude, die aus der Hingabe an das Leben kommt. Zum Beispiel dies: „Wenn du Single bist, sieh's positiv: dein Bett ist halb voll!" (Min. 40.28–Min. 43.38).

… als Raumduft

Wie riecht Ostern? Wie riecht *kenosis*? Ostern ist ja schon klimatisch das Fest des Übergangs: vom Winter zum Frühling; vom Dunkel zum Licht; vom Samen zur Frucht. Vom theologischen Festgehalt her feiern die Christinnen und Christen die Verwandlung vom Tod zum Leben. Von der kulturellen Tonalität her liegt beides in der Luft: die Trauer über den Tod Jesu wie die Freude über die Auferstehung; die Trübe des Karfreitags wechselt in die Frische des Ostermorgens.

Unsere Vorgabe an den Parfümeur Marc vom Ende war daher, dass er diese Logik des Übergangs (Pascha) in eine Duftkomposition bringt. Als Wirkung wünschten wir uns, dass es ein Duft wird, der aufweckt, aktiviert, Mut macht. Wer ihn riecht, soll sich wieder etwas zutrauen, soll Pläne schmieden, soll Neugier entwickeln auf den Nächsten und auf das, was er braucht.

Die Duftinterpretation lautet:

> KENOSIS©: Die Interpretation junger sprießender Blätter in der Natur, frische leichte Blumennoten, unterlegt mit holzigen Noten von Ambra, Moschus und Myrrhe.

Den Hauptton schlägt dabei der Duftstoff Myrrhe an. Myrrhe wird Jesus am Kreuz gereicht (Mk 15,23). In einem frischen Bouquet aus floralen Noten erinnert die Spur des Bitterkrauts an den Preis des Durchbruchs zum Leben.

… als Musik

Johann Sebastian Bach hat sehr bekannte Ostermelodien geschaffen. Wie *kenosis* klingt, kann man in unserem Konzertfilm an zwei Werken anhören. Im Kantatenteil „Erfreut Euch, Ihr Herzen“ (BWV 66/1) sind es die hellen, klaren Trompeten, die die Osterfreude spürbar machen (Min. 05.54–Min. 09.54). Im „Alleluja“ derselben Kantate (BMV 66/6) kommt die kenotische Doppelspannung von Karfreitag und Ostern sehr schön zum Ausdruck: Nicht triumphalistischer Jubel, sondern getragene Freude, die sich noch gut daran erinnern kann, wie teuer Trost oft erworben werden muss (Min. 09.55–Min. 10.46).

… als Bild

Kenosis ist die Bereitschaft, den ersten Schritt zu tun, damit Beziehung, Einheit, Gemeinwohl entstehen und sich ausbreiten können. Im Elija-Zyklus der Abtei Kornelimünster visualisieren die beiden Bilder ‚Ermutigung‘ und ‚Hören‘ diese Disposition zu neuer Offenheit für den anderen.[67] Die Betrachtung geht wieder auf den Mini-Film beider Bilder.

Der Mann, der in Bild 1 (‚Verzweiflung') noch niedergedrückt auf dem Stein lag, hat in Bild 2 den Kopf wieder leicht erhoben, schaut aber noch ins Leere. Die Bereitschaft, zu essen und zu trinken, kann als vorsichtiger Wille gedeutet werden, sich von der Außenwelt wieder berühren zu lassen. In Bild 3 geht diese Entwicklung weiter: Der Blick ist nun klar auf den Betrachter gerichtet; die ganze Gestalt ist hoch erhoben; die Arme bilden einen einladenden Hof. Das Außen ist wieder von Interesse.

Elija ist hier laut dem biblischen Text in einer Gottesbegegnung zu sehen. Um anschaulich zu machen, dass Elija wieder disponiert ist, wieder etwas geben kann, wieder reagiert, weicht die Künstlerin hier etwas von der Vorlage ab: Die sieht vor, dass Elija sich vor Gott in seinen Mantel verhüllt (1 Kön 19,13). Das Bild überlässt dies aber dem Auge des Betrachters. Man könnte denken, die rechte Hand nimmt die Kapuze, um das Gesicht gemäß der Vorlage zu verpacken. Man kann aber auch denken, um es freizulegen. Dann geschieht dies, um Augen und Ohren die größtmögliche Resonanzfläche zu geben.

Wie man es sehen will: Auf jeden Fall tritt Elija aus der Höhle heraus. Und dies nicht nur aus der steinernen Höhle, sondern auch aus seiner eigenen. Dieses Signal ist unmissverständlich: Mag sein, dass er „nicht besser ist als seine Väter" (1 Kön 19,4) – aber er ist wieder da. Er ist wieder öffentlich.

In der Geschichte ist es Gott, der diese Außenwelt bildet – und dies mit hoher Diskretion: erst in Gestalt eines Engels, der Brot und Wasser reicht; dann in Gestalt eines leisen Säuselns, in dem er sich zeigt (1 Kön 19,12). Im Bild bilden wir Betrachterinnen und Betrachter das Außen. Elija ist bereit für uns; er macht sich eins mit uns. *Kenosis.*

8. Die dritte Kompetenz geistlicher Klugheit: Kraft von außen aufnehmen (*dynamis*)

Dynamis als Lebensleistung: der Sitz im Leben und der Sitz im Christushymnus

Bekanntlich stehen die Basisgeschichten der Christinnen und Christen ‚im Evangelium'. Man bekommt sie in jedem Gottesdienst feierlich vorgelesen. ‚Altgediente' Fromme kennen sie fast auswendig. Gemeint ist ein ganz bestimmtes Genre religiöser Literatur. Zu finden ist es in der Bibel. Dieses Genre ist so prägend, dass es sogar seine Autoren labelt: diese heißen dann ‚Evangelisten' und erst dann Markus, Matthäus, Lukas oder Johannes. Und diese vier erzählen die Geschichten von Jesus aus Nazareth als ‚das Evangelium'. Bei Markus heißt es lakonisch zu Beginn: „Anfang des Evangeliums von Jesus Christus, dem Sohn Gottes" (Mk 1,1).

Der Begriff selbst ist aus zwei Wörtern gebaut und bedeutet: gute (= *eu*) Nachricht (= *aggelion*). So wie ‚Eu-Stress' gute Anspannung und der ‚Eu-Kalyptus' ein dichtdeckender Laubbaum ist, so ist das ‚Eu-Angelium' eine gute, förderliche, weitertragende Botschaft.

Fassen wir beide Erkenntnisse zusammen, ergibt sich: Die Basiserzählung der Christen handelt von Jesus; und wer von ihm erzählt, berichtet etwas Gutes. Der Eindruck verstärkt sich noch, wenn man hinzufügt, dass man *eu-aggelion* auch übersetzen könnte mit: die Botschaft vom Guten; die These, es gäbe Gutes.

Das wirft die Frage auf, was gemeint sein könnte. Worin soll diese qualitative Wendung bestehen, dass etwas Gutes oder sogar das Gute in der Luft liegen soll, wenn man von Jesus hört? Inwiefern macht die Lebensentdeckung der Christinnen und Christen einen Unterschied?

Mit dieser Überlegung sind wir an dem qualitativen Umschlag angelangt, mit der im Christushymnus aus dem Philipperbrief sein dritter Teil beginnt. Abschnitt 1 hatte davon berichtet, dass der, der bei Gott war, zugunsten der Menschen diese Zone übersteigt und Mensch wird; Abschnitt 2, dass er sich dem Leben des Menschen voll und ganz stellt und es auch bis ins Scheitern hinein lebt, „bis zum Tod am Kreuz", wie es abschließend heißt (Phil 2,8).

Und tatsächlich: Hier könnte das Lied ja wirklich zu Ende sein. Man war dann Zeuge davon, dass jemand heroisch Wort gehalten hat; dass er sich auch im Sterben nicht seine Überzeugung hat abkaufen lassen. Es war dann die Geschichte eines Idealisten, der das Risiko von *physis* und *kenosis* gegangen ist. Solche Geschichten sind uns wohlbekannt; und wir bewundern solche Querdenkerinnen. Allerdings hinterlässt ihr Schicksal auch einen bitteren Nachgeschmack: Denn das Ungerechte hat sie besiegt. Wenn diese Pioniere weiterleben, dann nur durch uns in unserer Erinnerung und durch unsere Nachahmung. Das ist wertvoll genug – aber …

An dieser resignationsverdächtigen Stelle geht das Lied aus dem Philipperbrief in eine anders geartete dritte Strophe. Ein kleines griechisches Wort markiert den Umschlag: *kai*. Auf Deutsch steht da: „Darum (= *kai* = daher, daraufhin, also, usw.) hat ihn Gott erhöht." Und ein mehrzeiliger Jubel wird intoniert, der alles andere als nach bitterem Nachgeschmack klingt. Der, der Risiko gegangen ist, wurde nicht nur nicht niedergestreckt, sondern er wurde erhöht, bereichert, gelobt und endgültig anerkannt (vgl. Verse 9–11).

Das ist eine gute Geschichte – und es ist eine Geschichte vom Guten. Sollte sie wahr sein, macht sie tatsächlich einen bedeutenden Unterschied. Denn dann gibt es Leute und Deutungen, die die These vertreten, dass sich ein für andere engagiertes Leben nicht in seinem Idealismus totlaufen muss, sondern dass über ihm eine bestimmte Verheißung ausgesprochen ist. Diese lautet: Es ist eine Kraft erfahrbar und anzapfbar, die das, was du investierst, aufhebt, weiterträgt und vermehrt. Der und die Risikobereite sind nicht notwendig die Dummen. Es gibt da etwas, dass nur der erfährt, der sich davon abhängig macht, ob es stimmt, dass es das gibt.

Nun kann man alles Mögliche einwenden, und zwar zu Recht: ein uraltes Lied; eben nur ein Lied; es handelt äußerst mysteriös von einem Gottgleichen, der Mensch wird; und wer bitte setzt auf eine so dünne Verheißung, wenn Lebensqualität auf dem Spiel steht?

Dagegen steht aber folgende Überlegung: Dieses Lied haben Leute gedichtet und gesungen, die es selber und durchaus in schwierigen Zeiten ausprobiert haben, *physis* und *kenosis* zu leben; bestimmte religiöse Eliten haben dieses Lied als so wichtig empfunden, dass sie es kanonisierten; und seitdem haben Generationen und Generationen in diesem Lied eine Kurzformel für das ganze Leben von Jesus von Nazareth erkannt, das sie fasziniert hat. Immer wieder berichten die Geschichten von Jesus darum, dass um ihn herum genau jene Verwandlung stattgefunden hat, von dem das Lied aus dem Philipperbrief berichtet. Tatsächlich ist dies ein Leseschlüssel für die ganze Jesus-Geschichte: Wo jemand ins Risiko geht – seinen Mantel wegwirft, ihn verbotenerweise berührt, das Dach des Nachbarn abdeckt oder mit ihm herumstreitet –, kann er ihn oder sie heilen. Wo alle in ihrer Komfortzone verbleiben, kann er nichts ausrichten. Aus wenigen Fischen, die man ihm anbietet, macht er große Mahlzeiten; aus kriminellen Zöllnern großzügige Gastgeber; aus ängstlichen Jüngern eine weltweite Bewegung. Jesus ist der große Verwandler: Aus wenig macht er viel. Und das kann er, wenn er der Bereitschaft zum ‚Glauben' begegnet – einem Synonym für Risikobereitschaft.

Niemals geschieht dies aus Zwang; und niemals muss man explizit religiös sein, damit diese Verwandlungen sich ereignen. Es hat viel eher den Anschein, als würde Jesus daran erinnern, was seiner Meinung nach in der guten Schöpfung (Gen 1,31) als Logik angelegt ist. Und das ist, in den Worten dieses Buches: dass mit der Bereitschaft, nicht wegzurennen (*physis*) und sich als Erste für die Gegenseitigkeit von Liebe zu investieren (*kenosis*) die Wahrscheinlichkeit von etwas Gutem steigt, was von außen kommt.

Wir nennen es hier *dynamis*. Das Wort steht nicht direkt im Christuslied; wohl aber im Philipperbrief. Paulus benutzt es oft, wenn er diesen charakteristischen Zusammenhang aus menschlichem Zurückschrecken und göttlichem machtvollem Eingreifen beschreiben will. Sehr bekannt ist etwa sein Ausspruch, kurz nach dem Christushymnus: „Alles vermag ich durch ihn, der mir Kraft gibt" (Phil 4,13). *Dynamis*, das ist ein häufiges Wort des Neuen Testaments; es bedeutet ‚Macht', ‚Fähigkeit', ‚Vermögen' und auch ‚Wunder'. Besonders der Evangelist Lukas spielt mit dem Wort: Die Mutter Jesu wird von der ‚Kraft des Höchsten' überschattet und empfängt ihn; Jesus wird zeitlebens von der ‚Kraft des Geistes' getrieben; und am Ende gibt er seinen Getreuen die ‚Kraft aus der Höhe' weiter.

Dynamis ist damit die gute Macht – die Macht des Guten. Sie ist die große Gegenmacht zum Zynismus, zur Trägheit, zur Komfortzone. In dem Versprechen, es gäbe eine solche ‚Macht des Guten' wirklich und wirkend, liegt das *eu-aggelion*. Und wenn das stimmen sollte, dass es sie gibt, dass die Investition von absichtsloser Güte nicht einfach zerfasert und zerrinnt, dann würde diese Behauptung wirklich einen Unterschied machen. Dann würde das alles verändern können. Dann gibt es gute Gründe, diese Verwandlungslogik für sich zu entdecken.

Eine, die gefunden wurde: Madeleine Delbrêl als Expertin für *dynamis*-Klugheit

Die einleitenden Ausführungen zu *dynamis* haben schon gezeigt, dass man zu diesem Schritt eine etwas anders geartete Klugheit und Kompetenz ausbilden muss als bei den beiden anderen schon skizzierten Dimensionen. Es wird jetzt erkennbar passivischer. Man macht weniger etwas – wie bei *physis* und *kenosis*. Man lässt vielmehr etwas geschehen. Man lässt etwas los – im schönen Doppelsinn des Spruches: Es geht etwas los, weil man etwas gelassen hat. Man hat investiert – nun wird man gefunden.

Die Spiritualität, die vor allem diese Erfahrung artikuliert, muss darum nicht explizit kontemplativ sein. Aber sie baut deutlich auf der Gewissheit auf, dass jemand anderes eingegriffen hat und fortan alles von diesem externen Eingreifen her motiviert wird.

Sehr deutlich kann man diesen Aspekt bei einer dritten geistlichen Persönlichkeit studieren, die im zerwühlten Europa des 20. Jahrhunderts Christsein gelebt und vermittelt hat. Sagen wir es in einer Art Kurzüberblick (und in Kapitel 9 wird das weiter vertieft): Wenn der Deutsche Dietrich Bonhoeffer *physis* entdeckt und damit die Existenzlogik von Weihnachten; und die Italienerin Chiara Lubich *kenosis* und damit die Existenzlogik von Ostern – dann ist es die Französin Madeleine Delbrêl, die eine *dynamis*-Klugheit kultiviert und damit die Existenzlogik von Pfingsten. Ihr Leben erzählt die Geschichte jenes Geistes, der sich gerade dem zeigt und schenkt, der ihn loslässt.

Madeleine Delbrêl wurde 1904 in der südfranzösischen Kleinstadt Mussidan geboren.[68] Als ihre Gefährtinnen sie sechzig Jahre später leblos auf dem Boden ihres Arbeitszimmers vorfinden, geschieht das genauso unvorhersehbar und überraschend wie das meiste in ihrem Leben. Zwischen 1904 und 1964 schreibt die französische Kirche eine Spiritualitätsgeschichte, die weit und wirksam in die Weltkirche hineinragt – und eine entscheidende Akteurin darin war Madeleine Delbrêl. Stichworte sind: Trennung von Kirche und Staat; aggressiver Laizismus; atheistischer Kommunismus; die großen innerkirchlichen Konflikte um die ‚Arbeiterpriester'; Charles de Foucauld; der Einfluss der französischen ‚Nouvelle Théologie' auf das Zweite Vatikanische Konzil; die Entdeckung von Säkularinstituten als dritten Weg neben ‚Gelübde' und ‚Ehe'. In ihrer persönlichen Geschichte nimmt Delbrêl diese Stichworte auf und teilt sie: Sie ist bis zum 20. Lebensjahr überzeugte Atheistin; zieht als Sozialarbeiterin in die verarmten kommunistischen Vorstädte; verbindet Glaube, Welt und Kirche in einer Art ‚Mystik der Straße'; ist mit den Arbeiterpriestern genauso bekannt wie mit den Konzilstheologen; und etabliert einen eigenen Berufungsweg jenseits der bereits gebahnten großen Loipen. Die hochgebildete Frau war überaus *tough*, sehr umtriebig und durchsetzungsfähig. Ihr Leben war eine Demonstration weltanschaulicher Energie.

Womit wir beim Dynamik-Thema wären. Mehr als die Empfehlung, sich mit dieser so engagierten Biografie intensiver zu beschäftigen, können wir hier nicht aussprechen. Uns interessiert vor allem, woher sie ihre Power bezog. Und da stößt man bei Delbrêl auf die bei ihr besonders ausgeprägte Fähigkeit, sich einer Kraft von außen überlassen und sich mit ihr multiplizieren zu können. *Dynamis.*

Für sie war es die Kraft Jesu, des Evangeliums. Ihre große Verwandlung war es, von Gott gefunden zu werden. Dies ist ihre alles überstrahlende biografische Entdeckung. Und so entsteht ein charakteristischer passivischer Zug in ihren Schriften, vor allem ihren Metaphern. Das Ziel glaubenden Lebens ist bei Delbrêl von Beginn an „Ekstase"; denn es geht darum, das Leben Christi „mit unserem Leben zu leben"[69].

Einige Zitatbeispiele: Das Evangelium ist ihr eine umwälzende „Explosion". Ihr geistlicher Weg ist nicht, eine einzelne Geste oder Eigenschaft Jesu neu zu leben, sondern ein neuer Ausdruck des ganzen, heute präsenten Christus zu werden. Das Evangelium muss wirken wie ein Vollbad, in das man ganz hineintaucht; wie die Luft, in die ein Baum ragt; wie die Erde, die das Saatkorn umhüllt; wie der Teig, in den sich die Hefe einbringt.

Wer zu den Worten des Evangeliums greift, der wird vollendet ergriffen. Geistliches Leben ist das Tanzen „in den Armen Deiner Gnade“. Christinnen und Christen sind „Gefangene“. Beten ist Gebet um das Gebet. Bekehrung ist „das blendende Hingerissensein unseres ganzen Ich zu Gott“[70]; Umgestaltung, Vollverwandlung, ja: Inkarnation, Fleischwerdung des Geistes. „Den lebendigen Glauben haben heißt, von ihm geblendet sein, um von ihm gelenkt zu werden.“ Oder, dasselbe, aber witziger: Wenn sie dich unterbuttern, denk immer daran, dass ohne Butter alles anbrennt.[71]

Viele Jahre nach ihrem Tod findet man einen Zettel, den sie wohl unmittelbar nach ihrem Bekehrungserlebnis im März 1924 verfasst und seither versteckt hatte. Er ist wie eine intime Urkunde ihres biografischen Neuaufbruchs. Auch diese Zeilen offenbaren, wie sehr sie ihre Bestimmung in dieser ‚Lenkung‘ durch Gott gesehen hat: „Ich will das, was Du willst, ohne mich zu fragen, ob ich es kann. Ohne mich zu fragen, ob ich Lust darauf habe. Ohne mich zu fragen, ob ich es will.“

So weit der kurze Einblick in diesen dritten Typ christlicher Spiritualität. Natürlich bleiben eine Menge Fragen – gerade dann, wenn dieses Buch auch für nichtreligiös Lebende auskunftsfähig sein soll. Muss man Delbrêl als jemand sehen, die ihre Autonomie am Eingang zu ihrem Glaubensleben abgegeben hat? Geht es in ihrer oftmaligen Betonung von ‚Gehorsam‘ um unemanzipierte Selbstauslieferung an dubiose Autoritäten? Ist dieser passivische Zug der Ergebung feige, lahm, konfliktschwach?

Diese Zweifel sind berechtigt. Vielleicht irritiert diese dritte Kompetenz geistlicher Klugheit, die *dynamis*, das moderne Identitätsverständnis mehr als die schon skizzierten anderen beiden. Hier geht es schließlich um die zentrale Behauptung (und auch Erfahrung!) religiöser Menschen, dass es eine Kraft des Guten gibt, die eingreift, verwandelt und verändert. Wie diese Behauptung mit den Idealen erwachsener Autonomie zusammengedacht werden kann – die das Christentum ja teilt; wie die Anforderungen an Autonomie sogar steigen: Das ist Inhalt wichtiger theologischer Diskurse und kann hier nicht ausgeführt werden.

Bezogen auf die Biografie Madeleine Delbrêls wird man sehen können, wie selbst die meisten ihrer befreundeten kommunistischen Aktivisten ihr Leben als radikal glaubwürdig beurteilten und keinerlei Zweifel hatten, dass diese kettenrauchende Sozialarbeiterin ihr eigenes Leben gemäß ihrer eigenen Freiheitsentscheidungen führte. *Dynamis* ist missverstanden, und das nicht nur bei Delbrêl, wenn man Magie, Bevormundung, aber auch psychologische Selbstsuggestion vermutet.

Man steht hier vor dem anthropologischen Basisphänomen von ‚Glauben' und ‚Vertrauen'. Auch dies sind ja keine objektivierbaren Vollzüge, und sie können doch sehr viel mehr sein als motivierende Einreden. Die Einladung der Kurzformel ist jedenfalls, sich jener zutiefst menschlichen Erfahrung zu öffnen, dass man sein eigenes Ich in den Horizont einer mit anderen geteilten Welt stellen kann und hieraus enorme Bereicherung sowohl ziehen wie geben kann. Oft erkennt man erst rückwärtig, dass man sich zu solchen Selbstüberstiegen hat mitnehmen lassen. Und bei gutem Verlauf geht man aus solchen geteilten Weltbegehungen als jemand hervor, der genau deswegen tiefer zu seinem eigenen Potenzial fand, weil man sich erlaubt hat, sich vom Guten ziehen zu lassen.

Religiöse Menschen haben eine Sprache und viele Praxisformen für solche Vertrauenserfahrungen entwickelt. Und sie behaupten, dass es wahr und schön ist, was man da erlebt.

Dynamis. Die Phantasie Gottes macht es sich bei uns gemütlich.[72]

Materialien zum Verstehen der *dynamis*-Klugheit mit allen Sinnen:

… als Interview

Dynamis, jung, konkret und aktuell – und sehr sympathisch. Zwei Studierende erzählen in der LateNight-Show: Marie Deregowski von einer berührenden Sternfahrt nach einem Autounfall (Min. 48.32–Min. 54.28); Dominik Maxelon von überwältigendem Fundraising (Min. 54.29–Min. 1.01.47).

… als Comedy

Dave Davies zum Dritten: Wie man die Kraft zum Guten nutzt, um ein *changemaker* zu werden (Min. 1.01.50–Min. 1.05.24).

… als Raumduft

Die Duftbeschreibung für DYNAMIS nimmt das bekannte Bild von Pfingsten auf: Brausen, starker Wind, frische Brise. Die weht dir Kopf und Herz durch, verwirbelt die Gedanken, multipliziert deinen Mut und stärkt dir den Rücken.

Marc vom Ende schreibt:

DYNAMIS©: Die Darstellung eines starken kräftigen Windes mit frischer angenehmer Kopfnote.

Es wirken folgende Stoffe:
Kopf: Bergamotte, Orange, rosa Pfeffer, Cassis, Zitrone
Herz: Hedion (Jasmin), Magnolie, Maiglöckchen
Basis: Moschus, Iso E Super, Ambra, Tonka, Patchouli, Leder, Vanille.

… als Musik

Johann Sebastian Bach wählt als Bild für die *dynamis*-Erfahrung das Feuer. Die Kantate trägt den Titel „O ewiges Feuer, o Ursprung der Liebe" (BWV 34/1; Min. 10.47–Min. 14.21). Als zweites Stück erklingt „Friede über Israel" (BWV 34/4 & 5; Min. 14.21–Min. 16.50). Wer hier genau zuhört, erfährt etwas vom Segen, den Gott über seinem Haus ‚ausschüttet'. *Dynamis* vom Feinsten.

… als Bild

In Bild 3 begegnete Elija vor der Höhle. Eine Kraft von außen hat ihn dorthin gelockt. Die Geschichte aus dem Buch der Könige korrigiert alle, die in dieser göttlichen Kraft religiöse Gewalt vermuten oder aus ihr ableiten. Gott ist nicht im Sturm, heißt es da, nicht im Feuer, nicht im Erdbeben. Dies ist übrigens eine klatschende Ermahnung an ebenjenen Elija, der seinen Stolz daraus gezogen hatte, die Priester des Baals-Kultes mit mächtigen Naturzeichen zu beschämen und sogar zu töten (1 Kön 18,20–40).

Jetzt offenbart sich Gott als ‚leises Säuseln', als ‚Stimme fortschwebenden Schweigens', wie der große Judaist Martin Buber übersetzt. Und auch als solches wirft es Elija fast um, studiert man seine Körperhaltung auf dem Bild genauer.

Gott aber ist Gott, in welcher Gestalt auch immer, und als solcher wird er für Elija zum Trost, zum Neuanfang und zum Aufbruch. Bild 4 trägt den Titel ‚Zuversicht'.[73] Und auch diese Überschrift wird von der Künstlerin Janet Brooks Gerloff in feinen Strichen beglaubigt. Elija schreitet aus, einem fernen Horizont entgegen. Zum ersten Mal im Zyklus sehen wir ihn von hinten – und fast scheint es, als wolle er uns als Betrachter mitnehmen, führen. Da, wo er hinwill, wartet eine Aufgabe; der will er sich stellen.

Legt man alle vier Bilder nebeneinander, verdoppelt also den Mini-Film, sieht man die Entwicklung von ‚Verzweiflung' zu ‚Ermutigung', ‚Hören' und ‚Zuversicht'. Da ist etwas geschehen, eine Verwandlung. Und die bleibt sichtbar. Geistliche Klugheit ist kein Happyend, das am Ende etwas erzählt, was man vom Anfang her nicht mehr erinnert. Es bleiben Spuren von dem, das durchlebt werden musste, damit es jene Kräfte freisetzt, die man ohne das Risiko nicht aktiviert hätte.

Der uns vorangehende Elija ist daher auch das Bild für das, was dieses Buch allgemein als *phronesis* beschrieben hat. *Phronesis* bündelt ja die drei Klugheiten zu einer; trainiert die drei Kompetenzen als Ganzes; drängt vom jetzigen Stadium in das nächste; ist der Alltag zwischen den großen Kirchenfesten. (Übrigens kombiniert der vierte Duft der zap:aerothek mit dem Namen PHRONESIS© deswegen die dominanten Duftstoffe der anderen drei in eine eigene Komposition.)

Der Elija auf Bild 4 wurde von der Künstlerin so gezeichnet, dass alle drei Stadien in ihm wieder aufleuchten.

Etwas schiebt ihn: *dynamis*. Er hält weiterhin die Kapuze offen für den freien Blick aus ihm heraus: *kenosis*. Vielleicht hört er es weiterhin und dauernd: das leise Säuseln. Und wohin er geht, da wartet eine Aufgabe: *physis*.

Wenn Sie mögen, hören Sie doch riechend und den voranschreitenden Elija sehend in diesen dynamischen Zusammenhang der Kurzformel hinein! Der Konzertfilm endet mit einer Einspielung des bekannten Bach-Chorals „Wer nur den lieben Gott lässt walten" (BWV 93; Min. 16.50–Min. 20.23). In diesem Text wird die Alltagstauglichkeit des Christseins bekundet:

Strophe 1:
„Wer nur den lieben Gott lässt walten und auf ihn hoffet allezeit, (*kenosis*)
den wird er wunderbar erhalten (*dynamis*)
in aller Not und Traurigkeit. (*physis*)
Wer Gott dem Allerhöchsten traut, der hat auf keinen Sand gebaut. (*phronesis*)
(…)

Strophe 3:
Sing', bet' und geh' auf Gottes Wegen, (*kenosis*)
verricht' das Deine nur getreu. (*physis*)
Und trau des Himmels reichen Segen, so wird er bei Dir werden neu. (*dynamis*)
Denn welcher seine Zuversicht auf Gott setzt, den verlässt er nicht. (*phronesis*)."

9. Einige Einordnungen der Kurzformel und Abschluss

Dreiklang und Serpentine

'Was fehlt, wenn die Christen fehlen', so lautete die klare Frage dieses Buches. Am Ende sollte sie ebenso klar beantwortet worden sein. Was fehlt, ist eine bestimmte Variante geistlicher Klugheit. Diese besteht aus drei Kompetenzen, über die man seine Lebensleistung besser bringen kann: immer weniger wegrennen; aus sich herauskommen; Kraft von außen aufnehmen.

Christsein ist also ein existenzieller Dreiklang. Wie leicht ersichtlich, zerfällt dieser nicht einfach in drei Noten. *Physis, kenosis* und *dynamis* sind keine Stadien, die aufeinanderfolgen. Es ist hier nicht wie im Karate, wo man sich nacheinander bestimmte Gürtelfarben erarbeitet.

Das wäre übrigens auch ein Missverständnis von Bonhoeffer, Lubich und Delbrêl: Sie haben zwar ausgeprägte Expertise in einer der drei Klugheitstypen. Das heißt aber nicht, dass die beiden jeweils anderen gar nicht vorhanden wären. Im Gegenteil: Natürlich kann man etwa bei Bonhoeffer auch *kenosis* finden oder bei Lubich *dynamis*. Denn es geht um ein Ganzes in verschiedenen Erschließungen.

Besser kann man vielleicht von einer dauernden Katalyse sprechen. Der Begriff ist aus der Chemie bekannt: Ein bestimmter Zustand wird energetisch durch die Reaktion mit einem anderen zugesetzten Stoff verändert. So ist das auch hier: *physis* drängt in *kenosis,* katalysiert sich also in einen neuen angereicherten Zustand; *physis* und *kenosis* sind die beiden Risikoinvestitionen und wie zwei Seiten, die sich wechselseitig bedingen. Beide katalysieren die *dynamis*-Kraft, saugen sie sozusagen an. *Dynamis* ist überwältigend, ergreifend, verändernd und genau darum auch kein Selbstzweck. Auch *dynamis* drängt selbst wiederum zur Stoffanreicherung. Wer die Kraftzufuhr von außen erlebt, den motiviert und befähigt sie zu nichts anderem als genau zu einem erneuten Anfang, also zur erneuten *physis*.

Insofern ist christliche Lebensklugheit simpel – und will das auch sein. Nicht sie selbst ist schwierig – das Leben sorgt schon selbst für die Bewährungsproben. Für diese Lebensklugheit der Christen muss man weder besonders gebildet, fromm, tugendhaft oder charakterfest sein. Das haben wir in Kapitel 3 gesehen. Es reicht der Mut zum ersten Schritt: nicht wegrennen; sich stellen; schauen, wer was braucht.

Christen und Christinnen erzählen, dass dieser erste Schritt sozusagen aus sich heraus Konsequenzen bewirkt; wer mit einer der drei Kompetenzen beginnt, wirft die Dreiklang-Logik dieses Reaktionsablaufes an. Dies berichtet der Christushymnus aus dem Philipperbrief, der unser biblischer Leittext war. Man hat zum Beispiel den Mut zu einem kleinen *kenosis*-Schritt – und macht ein *dynamis*-Erlebnis. Oder man erlebt *dynamis* – und das stärkt die Kraft, sich bestimmten Herausforderungen zu stellen: *physis*.

Es ist wie eine Art Spiel: Jede der drei Klugheiten entbindet die nächste. Wie bei einer Serpentine, die einen Berg umläuft, kommt man immer wieder auf einer ähnlichen Stelle an, ab der man wieder den immer ähnlich anmutenden Rundweg antritt. Manchmal ermüdet das, weil es immer wieder so weiterzugehen scheint wie vorher; und manchmal ist es grandios, dass die Sicht vom immer höher umkreisten Berg weiter, tiefer und beeindruckender wird.

Kirchenjahr

Die Christinnen und Christen gehen diesen Rundwanderweg jedes Jahr einmal hoch und wieder herunter. Sie nennen das dann: Kirchenjahr. Auch davon war die Rede: Das Kirchenjahr beginnt mit Advent und Weihnachten. Das ist das Trainingscamp für *physis*. Mit Weihnachten feiern die Christen, dass Gott nicht nur die Welt erschafft und nicht nur Mensch wird; sondern vor allem: dass er sich dieser Welt auch stellt, vor ihr und ihrer Freiheit nicht wegläuft. Er bleibt. Er ist weiter schaffend in ihr tätig. ‚Creatio continua'. *Als* Anfang schuf Gott die Welt. So entsteht diese unverwechselbare *physis*-Klugheit und *physis*-Spiritualität, die wir etwa bei Dietrich Bonhoeffer und Bärbel Ackerschott vorgelebt finden konnten: immer weniger wegrennen müssen; immer wieder neu anfangen. Schöpfung sein.

Physis drängt zu *kenosis*. Das Bleiben drängt ins Überschreiten. Hingabe katalysiert Gegenseitigkeit. Das Fest dazu ist Ostern, inklusive seiner Fastenzeit. Mit diesen 90 Tagen (40 Tage Fastenzeit, 50 Tage Osterzeit) trainieren die Christinnen und Christen ihre *kenosis*-Kompetenz. Sie feiern, dass ihr Gott aus seiner Welt nicht seine Komfortzone macht, sondern sich für ihr Heil in die Pflicht nehmen lässt. Er verpfändet sich an sie. Er entäußert sich, wie es im Christushymnus des Philipperbriefes heißt. Er lebt ein Leben, das scheitern kann – und das kann man nur von einem Leben sagen, das mit Risiko geführt wird. So entsteht diese typische Risikospiritualität, die man bei Notfallseelsorgerinnen und Feuerwehrleuten genauso studieren kann wie bei Chiara Lubich. Diese entwickelt eine innovative Idee der Gegenseitigkeit. In die florale Leichtigkeit von *kenosis* mischt sich ein Bitterkraut, Myrrhe. Es erinnert daran, dass es Mut dazu braucht, *kenosis* zu leben. Man muss als Erster damit anfangen.

Pfingsten ist schließlich die große Wende. Ein enormes Versprechen drängt sich auf den Marktplatz. Im Volksmund, dem Buch der Weisheit (siehe Kapitel 4), lautet es: „No risk, no fun." Theologisch würde man sagen: Wer dableibt (*physis*) und wer weitergeht (*kenosis*), der stößt die Tür auf zu einer ganz eigenen Erlebnistiefe. Viele engagiert lebende Menschen erzählen das, seien es Unternehmerinnen, Künstler, Eltern, Sportler oder Madeleine Delbrêl und die beiden Studierenden aus dem Interviewfilm: Wer zum Wohl von anderen über sich hinausgeht, der fällt nicht ins Leere, sondern wird aufgefangen. Er (oder sie) erschließt sich ein Reservoir von Kraft, von dessen Intensität man in der Komfortzone überhaupt nichts ahnen konnte. Religiöse Menschen sprechen jetzt von ‚Heil' und ‚Segen'; andere von ‚Glück', ‚Erfüllung', ‚Gelingen', ‚Passung', ‚Stimmigkeit'. Jedenfalls etwas starkes Schönes, das magnetisch ist.

An Pfingsten trainieren die Christinnen und Christen, dass es diese Kraft überhaupt gibt; dass sie zugänglich ist; dass sie inspiriert, motiviert und aktiviert. Und dass sie wieder neu fragen lässt, welcher nächsten Bewährung man sich stellen sollte. Echte, belastbare *Dynamis* wehrt sich dagegen, selbst zur Komfortzone zu werden. Sie drängt in *physis*. Die Serpentine lädt zur nächsten Drehung.

Dreiklang als Dreifaltigkeit

Theologische *Insider* ahnen es wohl schon: Die Kurzformel von den drei sich dauernd weiter und größer katalysierenden Existenzklugheiten eröffnet auch auf verblüffend einfache Weise einen oft gemiedenen intellektuellen Horizont. Bekanntlich bekennen die Christinnen und Christen sich zu einem Gott, dessen Einheit dreimalige Vielfalt ist. Die Lehre von der Dreifaltigkeit gehört sicherlich zu den großen Rätseln der Theologie, die auch jenseits ihrer Schreibstuben großes Stirnrunzeln auslöst.

Mit der Kurzformel bekommt man mindestens intuitiv auch hierzu einen Zugang. Denn die drei Klugheiten haben ja ebenfalls drei verschiedene Akzente einer einzigen Realität aufblitzen lassen:

- *physis* hat erkennbar viel mit Wirklichkeit zu tun, Schöpfung, Aufbau, Erhaltung. Hier ist man in dem, was man trinitätslogisch mit der ‚Person' des ‚Vaters' ausdrücken will. Gelebte *physis*-Klugheit kann den Existenzweg zum ‚Vater'-Geheimnis Gottes erschließen.
- *kenosis* hat viel mit dem anderen Menschen zu tun, seinem Wohl, mit dem Risiko des Sich-Einsmachens. Hier ist man in dem, was man trinitätslogisch mit der ‚Person' des ‚Sohnes' ausdrücken will. Gelebte *kenosis*-Klugheit kann den Existenzweg zum ‚Sohn'-Geheimnis Gottes erschließen.
- *dynamis* hat viel mit äußerer Kraft zu tun, mit Erhöhung, Bereicherung, Beschleunigung, Potenzerweiterung. Hier ist man in dem, was man trinitätslogisch mit der ‚Person' des ‚Geistes' ausdrücken will. Gelebte *dynamis*-Klugheit kann den Existenzweg zum ‚Geist'-Geheimnis Gottes erschließen.

Klar: Dies sind nur Andeutungen einer großen theologischen Ahnung. Aber es sollte doch wenigstens notiert werden, dass es auch ganz lebenspraktische Wege zum Geheimnis eines ‚dreifaltigen' Gottes geben kann. Ja, dass diese sogar manches eröffnen und vereinfachen können, was intellektuell in Sackgassen führt. Mag sein, dass Theo-Praxis ohnehin die beste Voraussetzung für Theo-Logie ist.

Leistung und Gnade

Ein Ziel hat der Weg des Kirchenjahres in bestimmter Weise nicht. So wie die Serpentine irgendwann endet, weil man den Berg bestiegen hat, ist es in der geistlichen Klugheit nicht. Denn es geht hier nicht ums Fertigwerden, nicht um charakterliche Selbstformung. Man merkt es schon: kann es auch gar nicht. Vollkommenheit würde die Katalyse stillstellen. Der bekannte koreanische Videokünstler Nam June Paik hat mal den berühmten Satz gesagt: „When too perfect, liebe Gott böse." So ist das hier auch.

In der Theologie fällt an dieser Stelle der Begriff ‚Gnade'. Er ist oft missverständlich eingesetzt worden. Normalerweise wird er gegen den Begriff der ‚Leistung' gewendet – der wiederum in diesem Buch ja eine Schlüsselstelle einnimmt.

Der Widerspruch ist nur scheinbar. Denn zwei Dinge liegen ja auf der Hand: Jede und jeder muss seine Lebensleistung bringen, und meistens wollen wir das auch. Das hat sogar mit Menschenwürde zu tun. Ich kenne keine ernstzunehmende politische Philosophie, die ein menschenwürdiges Leben ohne Selbstsorge und soziale Aktivität modelliert. Und trotzdem stimmt natürlich auch, dass die Investition in die Treue zu den gestellten Lebensaufgaben nicht automatisch zum gewünschten Ziel führt. Ganz im Gegenteil.

Hier kommt das zweite Moment zum Tragen: nicht wegrennen (*physis*) und aus sich herausgehen (*kenosis*) erhöhen zwar die Wahrscheinlichkeit dieser *dynamis*-Kraft, sind aber keinesfalls ein Selbstläufer. Wären sie es, wären *physis* und *kenosis* auch kein Risiko. Man kann es drehen und wenden, wie man will: Das *dynamis-Erlebnis* ist ein Versprechen. Wen es trifft, fühlt sich beschenkt, nicht belohnt. Religiöse Leute nennen es ‚Gnade'. Zwar ist es millionenfach belegt, und Geschichte um Geschichte illustriert, wie sehr engagiertes Leben sich erfüllt. Aber das Risiko, der *physis*- und der *kenosis*-Klugheit mehr zu trauen als der Trägheit und der Vorsicht, bleibt auch eines. Da wird nichts geschenkt.

Geistliche Klugheit – auch für nicht-religiös Gebundene

All dies ist kein Eigentum der Christinnen und Christen. Weihnachten, Ostern und Pfingsten gehören nicht ihnen. Der Dreiklang von *physis, kenosis* und *dynamis* aus dem Christushymnus ist nicht ihre Geheimmusik; die Serpentine ist nicht ihr Privatweg; der zu besteigende Berg ist der, vor dem alle stehen. Auch das *dynamis*-Versprechen gilt nicht prioritär ihnen; ihr Gott hat keine Lieblinge. Was er verspricht, ist für alle zu haben.

Das Ziel von Christsein ist auch nicht, dass alle Christinnen und Christen werden. Und es ist auch ganz gleichgültig, ob man sich den gefundenen Dreierweg mit griechischen

Begriffen erschließt oder etwa mit Sportvokabeln, Volksweisheiten oder Lebenskunstphilosophie. Zwar ist Sprache keinesfalls unwichtig und die einzelnen Deutungsgrammatiken (Kap. 4) sind auch nicht verlustfrei ineinander übersetzbar – aber all das macht nicht das Zentrum aus.

Das Zentrum ist ungemein nüchtern und einfach. Und es ist schade, dass man es den Christen und ihrer Kirche kaum noch abnimmt, dass sie eigentlich ein sehr einfaches Ziel verfolgen: dass nämlich jeder – ob Frau, Mann oder divers – in und mit der Schöpfung, die ihn umgibt, sein Glück findet, seine Fülle, sein Gelingen.

Die Christen sagen zu diesem Glück vier Sätze:

- Dieses Leben ist so gestrickt (‚Schöpfung'), dass dein Glück wesenhaft nicht am Glück der Leute vorbei gefunden werden kann, für die du Verantwortung trägst.
- Um dieser ‚Kombination der Glücke' zu entsprechen, braucht man Mut. Man muss das Risiko gehen können, das eigene Glück zugunsten des der anderen zu schmälern. Hierfür brauchst du Weisheit, Klugheit, Vorbilder, Ermutigung – und Training.
- Christsein bietet dir eine solche Klugheit und ein solches Training an. Du brauchst dafür nicht religiös zu werden. Aber es bringt dich per se in vitalen Kontakt mit jener Kraft, die dieses Leben geschaffen hat und in ihm antreffbar ist. Du stößt sozusagen im Vollzug deiner Glückskombinatorik auf die Grundlogik von ‚Anerkennung' und von ‚guter Schöpfung'.
- Wir Christinnen und Christen nennen diese Kraft ‚unseren Gott'. Wir sind in Beziehung mit ihr, mit ihm. Mehr noch: Sie ist in Beziehung zu uns. Und das ist für uns Lebensglück.

Anmerkungen

1 Vgl. Matthias Sellmann: Geistliche Klugheit als Lebenskompetenz. Fundierungen einer Kurzformel des christlichen Glaubens, Würzburg 2023. Ein kurzer Hinweis zu den Fußnoten: In diesem kürzeren Buch werden vor allem die wörtlichen Zitate belegt; für alle weiterführenden Belege ist dieses dickere Buch zuständig.

2 Die jeweils passenden Minutenangaben der Filme sind im Buch genau beschrieben.

3 Ausführliche Erklärungen dieser 12 Akzente finden sich in der ‚großen' Ausgabe des Leitgedankens; vgl. Matthias Sellmann: Geistliche Klugheit als Lebenskompetenz. Theologische Fundierungen einer Kurzformel des christlichen Glaubens, Würzburg 2023.

4 Mit dem Bild des Rahmens nehme ich das bekannte und für unseren Zusammenhang sehr bedeutende Wortspiel des kanadischen Philosophen Charles Taylor auf. Von ihm wird weiter unten noch die Rede sein. Er hat in seinem Großwerk ‚Ein säkulares Zeitalter' (Frankfurt am Main ^{2}2020, zuerst 2007) davon gesprochen, dass sich die einzelnen kulturellen Verständnisse immer in bestimmten großen und meist unbewussten ‚Rahmungen' (59 u. ö.) abspielen. Diese bezeichnet er auch als Hintergrundverständnisse (169 u. ö.), soziale Vorstellungsschemata (295 u. ö.), gemeinsame naive Auffassung (61 u. ö.), gemeinsame Räume (323 u. ö.) oder gemeinsames Weltgefühl (60 u. ö.). Erst von solchen gemeinsamen Rahmungen her sei überhaupt kollektive Verständigung möglich. Taylor analysiert in seinem Werk nun Rahmenverschiebungen über Jahrhunderte hinweg. Trotzdem kann es auch Mikrozeiträume geben, in denen solche Verschiebungen fassbarer werden. Viele vertreten wie ich die Meinung, dass etwa die Corona-Epidemie, der Skandal um strukturell ermöglichte und vertuschte sexuelle Gewalt im Katholizismus oder der Angriffskrieg Russlands auf die Ukraine solche zeitlichen Mikro-Verdichtungen darstellen, die auch das ‚Weltgefühl' christlicher Spiritualität verändert haben. Die letzten sechs Jahre waren hierfür außerordentlich prägend.

5 Vgl. die Zahlen der Kirchenmitgliedschaftsstudie 6 aus dem Jahr 2024, die zum ersten Mal von evangelischer und katholischer Kirche verantwortet wurde. Der Auswertungsband liefert alle Daten und Einordnungen. Vgl. zu den Thesen im Text: Edgar Wunder u. a.: Vertrauenskrise und Reformerwartungen: Wo die Kirchen heute stehen, in: Sozialwissenschaftliches Institut der EKD | Katholische Arbeitsstelle für

missionarische Pastoral (Hrsg.): Wie hältst du's mit der Kirche? Zur Relevanz von Religion und Kirche in der pluralen Gesellschaft. Analysen zur 6. Kirchenmitgliedschaftsuntersuchung, Leipzig 2024, 94–115.

6 Als vierten Punkt wären die multiplen Krisenspiralen zu benennen, die all jene massiv in ihrem Welt-Bewusstsein irritieren, welche sich einigermaßen sensibel in ihrer Zeit bewegen: der russische Angriffskrieg auf die Ukraine, die Kipp-Punkte im Klima-Wandel, die erschreckend populären Nationalismen, das Versagen humaner Solidarität in den globalen Migrationsströmen, und andere mehr. Christliche Spiritualität ist gar keine, wenn sie sich nicht in diese allgemeinen Überforderungen einreiht. Es wären auch komplexe Verflechtungen zwischen der in der Prägekraft nachlassenden christlichen Kultur und diversen Krisenmomenten analysierbar – sowohl in verschärfender wie in entspannender Hinsicht. Ich will hier das Thema aber eng bei den spezifisch religiösen, geistlichen Herausforderungen belassen.

7 Vgl. den Beitrag von Wunder u. a. (Anm. 3), 94–100.

8 Vgl. als zwei wichtige Vertreter einer umfassenden Kontroverse Detlef Pollack: Säkularisierung – ein moderner Mythos? Studien zum religiösen Wandel in Deutschland, Tübingen 2012; Hans Joas: Die Macht des Heiligen. Eine Alternative zur Geschichte von der Entzauberung, Frankfurt am Main 2017.

9 Taylor (Anm. 1), 15.

10 Freiburg i. B. 2024.

11 Zu eigenen Anfragen vgl. Matthias Sellmann: Optimierungsparadigma am Ende? Nachfragen zu Jan Loffelds Buch „Wenn nichts fehlt, wo Gott fehlt“, in: Herder Korrespondenz 10/2024, 46–49; weitere Debatten finden sich leicht über Stichwortsuche auf der Homepage der Zeitschrift Communio.

12 Ersetzbar ist es allerdings auch nicht!

13 Man findet den Mitschnitt der Versammlung in der Suchmaske von YouTube unter dem Eintrag ‚Fünfte Synodalversammlung' an der Zeitmarke: 1:53:48–1:55:02. Zu allen sonstigen Belegen in diesem Abschnitt vgl. die Website des Synodalen Weges unter dem Reiter ‚Dokumente, Reden, Beiträge'; oder in Matthias Sellmann/Björn Szymanowski (Hg.): Kirche als Dienstleisterin für religiöse Freiheit. Ein systematischer Ansatz für nachhaltig wirksame Kirchenentwicklung, Würzburg, S. 56.

14 Die KMU 6 (Anm. 3) kündigt an, dass die bisher eher wohlwollend getönte Gleichgültigkeit gegenüber Religiösen sich wohl bald in ge-

nervte Reaktanz verwandeln wird; vgl. Gert Pickel u. a.: Ein Rundgang zu Formen der Religiosität in Deutschland, in: Sozialwissenschaftliches Institut der EKD | Katholische Arbeitsstelle für missionarische Pastoral (Hrsg.): Wie hältst du's mit der Kirche? Zur Relevanz von Religion und Kirche in der pluralen Gesellschaft. Analysen zur 6. Kirchenmitgliedschaftsuntersuchung, Leipzig 2024, 146–174, 170; ähnlich Loffeld (Anm. 8), 38.

15 Hierzu auch Jan Loffeld, Der nicht notwendige Gott. Die Erlösungsdimension als Krise und Kairos inmitten seines säkularen Relevanzverlustes, Würzburg 2020; sowie Matthias Sellmann: ‚Gott': Ein großes Wort wird zu sich selbst befreit, in: Matthias Sellmann / Dieter Rehmann / Michael Jochim / Martin Steffen (Hgg.), Hat die Rede von Gott noch Zukunft? 1 Frage – 111 Antworten, Würzburg 2024, 122–131

16 Vgl. Tomas Halík: Der Nachmittag des Christentums. Eine Zeitansage, Freiburg i. B. 2022:89–114; Michael Schüssler: Es kommt was ins Rutschen: Eine theologische Reise an die Kipppunkte der Gegenwart, Ostfildern 2025; Harry Nutt: Kardinal Marx und der tote Punkt, in: Berliner Zeitung 6.6.2021; Loffeld (vgl. Anm. 8):116–119 u. ö.; EKD (Hg.): Wie hältst du's mit der Kirche? Zur Bedeutung der Kirche in der Gesellschaft. Erste Ergebnisse der 6. Kirchenmitgliedschaftsuntersuchung, Leipzig 2024, 57–59.

17 Vgl. Loffeld (Anm. 8), 109–170.

18 Hier sei noch einmal auf die ausführliche Monografie zum kleinen vorliegenden Buch hingewiesen (vgl. Anm. 1).

19 Vgl. in diesem Buch unter der Nummer 5 den zweiten Exkurs; im großen Buch Sellmann (Anm. 1), 80–84. Die neuesten Monografien von Hans Joas sind: Im Bannkreis der Freiheit. Religionstheorie nach Hegel und Nietzsche, Frankfurt a. M. 2020; und Universalismus. Weltherrschaft und Menschheitsethos, Frankfurt am Main 2025.

20 Vgl. Joas 2020 (Anm. 17), 252.

21 Ebd., 270. Das folgende Zitat ebd., 253 (Hervorhebung im Text).

22 Vgl. Sellmann 2023 (Anm. 1): 125–135. Zum folgenden vgl. Christoph Theobald: Entgrenzung als Identität. Christ und Kirche sein in Europa heute, in: Michael Quisinsky/Karlheinz Ruhstorfer (Hg.), Entgrenzung als Identität? Deutsch-französische Perspektiven für die Zukunft des Christentums in Europa, Freiburg i. B. 2023, 23–81.

23 Ebd.,24 (Hervorhebung im Text).

24 Ebd.,25 (Hervorhebung im Text).

25 Ebd., 32.34.u. ö.

26 Vgl. ebd., 43–49 mit starkem Hinweis auf die Nummer 44 aus Gaudium et spes.

27 Ebd., 60.

28 Ebd., 53.

29 Ebd, 60f.

30 Vgl. Tomas Halík: Wie kann man heute von Gott reden?, in: Matthias Sellmann / Andrea Fleming / Thomas Arnold (Hg.): Ich glaube an einen Gott, der fehlt. Ermutigungen zu einem geistlichen Leben auf der Höhe der Zeit, Leipzig 2022, 174–185.

31 Ebd., 177. Dort auch das folgende Zitat.

32 Ebd., 182 (Hervorhebung im Text).

33 Ebd., 184. Dort auch die beiden folgenden Zitate.

34 https://www.sueddeutsche.de/politik/religion-die-christen-werden-zur-minderheit-1.4429849 sowie: https://www.wz.de/panorama/in-deutschland-werden-christen-zur-minderheit_aid-38522625 (beide 2.6.2020); die Artikel berichten von der Studie des Forschungszentrums Generationenverträge (FZG), die am 2.5.2019 gemeinsam von der Deutschen Bischofskonferenz und der Evangelischen Kirche in Deutschland (EKD) veröffentlicht wurde.

35 Vgl. Dorothea Steinebach: Inspirationen aus dem Christhymnus für eine Berufungs- und Ermöglichungspastoral, in: Pastoraltheologische Informationen H. 2/2012, 81–89. Auch hier ist von Kompetenzen die Rede, ebenfalls von dreien, ebenfalls unter Bezug auf kenosis und Inkarnation, und ebenfalls wird für die dritte, die sog. Sendungskompetenz, auf Madeleine Delbrêl verwiesen. Ich hatte keine Kenntnis von diesem Beitrag, als ich 2015 zum ersten Mal einen Vortrag über die ‚Kurzformel hielt, und auch nicht, als ab Frühjahr 2020 das Manuskript entstand. Trotzdem soll anerkannt werden, dass Dorothea Steinebach zum ersten Mal diese Entdeckungen notiert hat. Sie ist die Entdeckerin. Und wenn man es richtig bedenkt, untermauert es die Substanz eines Entwurfs ja noch, wenn auch jemand anderes auf genau diese Linien kam. Wenn man jetzt noch hinzunimmt, dass Dorothea Steinebach eine sehr kompetente und nette Kollegin ist, gibt es eigentlich auch kein Problem mehr.

36 Vgl. zum Folgenden Karl Rahner: Die Forderung nach einer ‚Kurzformel' des christlichen Glaubens, in: ders., Schriften zur Theologie Bd. VIII, Einsiedeln u. a. 1967, 153–164. Als Überblick mit Literaturauswahl Otto Semmelroth: Kurzformeln des Glaubens und ihr Sitz im Leben, in: Geist und Leben 44/6 (1971), 440–452 (mit Literatur).

Eine neueste Variante von erklärenden Kurzformeln liegt vor mit dem Buch des Passauer Jugendbischofs Stefan Oster, der seine Darlegung des ‚Credo' untertitelt mit: „Eine Gebrauchsanweisung für das Leben", Stuttgart 2019.

37 Vgl. zum Folgenden Karl Lehmann: Kurzformeln des christlichen Glaubens, in: Bruno Dreher u. a. (Hg.), Handbuch der Verkündigung, Bd. 1, Freiburg i. Br. u.a. 1970, 274–295 (mit Lit.). Sekundär und ausführlich vgl. Matthias Skeb: Karl Rahners Kurzformeln des Glaubens. Ihr dogmatisches Genus und ihre theologischen Implikationen, Frankfurt/M., Berlin, Bern, New York, Paris, Wien, 1992.

38 Lehmann, a. a. O., 281 (Hervorhebung MS). Das folgende Zitat ebd.: 283.

39 Karl Rahner: Grundkurs des Glaubens, Freiburg i. Br. u.a. 1984, v. a. 430–440, hier 437.

40 Vgl. zum Folgenden auch Rahner, Die Forderung, a. a. O.

41 Ebd., 159.

42 John Erpenbeck/Lutz von Rosenstiel: Einführung, in: dies. (Hg.), Handbuch Kompetenzmessung. Erkennen, Verstehen und Bewerten von Kompetenzen in der betrieblichen, pädagogischen und psychologischen Praxis, Stuttgart 2007, XIX; im Original kursiv.

43 Vgl. Friedrich Kluge: Etymologisches Wörterbuch, Berlin/New York 1989[22], 233; sowie Josef Sudbrack, Art. Frömmigkeit/Spiritualität, in: Peter Eicher (Hg.), Neues Handbuch theologischer Grundbegriffe, Bd. 2, München 1984, 7–16, 8f.

44 Vgl. Henri Nouwen: Gottes Clown sein. Vom Beten und Dienen, Freiburg i. Br. u.a. 1985[2].

45 Hans Urs von Balthasar: Spiritualität, in: ders., Verbum caro. Skizzen zur Theologie I, Einsiedeln 1960, 226–244; zit. (ohne Seitenzahl) bei Josef Weismayer: Spiritualität (1), in: Harald Baer u. a. (Hg.), Lexikon neureligiöser Gruppen, Szenen und Weltanschauungen. Orientierungen im religiösen Pluralismus, Freiburg i. Br. 2005, 1231f.

46 Elisabeth Gräb-Schmidt: Art. Spiritualität IV: Fundamentaltheologisch, in: RGG[4], Bd. 7, Tübingen 2004, 1594.

47 Heiko Wojtkowiak: Christologie und Ethik im Philipperbrief. Studien zur Handlungsorientierung einer frühchristlichen Gemeinde in paganer Umwelt, Göttingen 2012, 79; ähnlich und früher vgl. Martin Hengel: Das Christuslied im frühesten Gottesdienst, in: ders., Studien zur Christologie. Kleine Schriften IV, Tübingen 2006, 205–258, hier 256: „Über kaum einen neutestamentlichen Text ist in den letzten

50 Jahren so viel geschrieben worden wie über diese sieben Verse" (zit. bei Frey, Jörg: Der Philipperbrief in Rahmen der Paulusforschung, in: ders./Benjamin Schliesser [Hg.], Der Philipperbrief des Paulus in der hellenistisch-römischen Welt, Tübingen 2015, 1–31, 13). Vgl. auch Sellmann, Geistliche Klugheit, a. a. O., 139–174.

48 Ulrich B. Müller: Der Christushymnus Phil 2,6–11, in: ders., Christologie und Apokalyptik. Ausgewählte Aufsätze, Leipzig 2003, 179–205, 181.

49 Joachim Gnilka: Der Philipperbrief (Herders Theologischer Kommentar zum NT X/3), Freiburg i. Br. u.a.[2] 1976, 108; vgl. ebd., 108–110.

50 Ulrich B. Müller: Der Brief des Paulus an die Philipper (= Theologischer Handkommentar zum NT 11/1), Leipzig 1993, 89. Mit den Worten des evangelischen Exegeten Ernst Käsemann, der dieser Interpretation die Bahn gebrochen hat: „Aus V. 5 lässt sich dann das Vorbildmotiv nicht mehr entnehmen. Nicht unwichtig ist auch, dass *phronein* zweifellos zu Recht durch ‚sinnen auf' wiedergegeben wird. *Es meint ja nicht die Gesinnung, sondern die Ausrichtung*" (Ernst Käsemann: Kritische Analyse von Phil 2,5–11, in: Zeitschrift für Theologie und Kirche Jg. 47 (1950), 313–360, 320. Kursivierung MS).

51 Markus Saur: Einführung in die alttestamentliche Weisheitsliteratur, Darmstadt 2012, 121. Zum Ganzen auch Ilse Müllner: Das hörende Herz. Weisheit in der hebräischen Bibel, Stuttgart u. a. 2006. Zur bewegten Deutungsgeschichte der Weisheitsliteratur vgl. Saur, a. a. O., 31–42.

52 Vgl. ebd., 89.

53 Die Rede ist vom Buch der Sprüche 22,17–24,22; dazu ebd., 61–65.

54 Dies macht den Blick frei dafür, dass die Bibel ohnehin missverstanden ist, wenn man sie als eine eindeutige und geradlinige Gottesbotschaft lesen will. Zur Pluralität als unhintergehbarer Deutungskategorie der biblischen Bücher vgl. nur Martin Ebner/Stefan Schreiber (Hg.): Einleitung in das Neue Testament, Stuttgart[3] 2020, 13–54.

55 Vgl. die aktuell sehr bekannte kleine Schrift des Islamwissenschaftler Thomas Bauer: Die Vereindeutigung der Welt. Über den Verlust an Mehrdeutigkeit und Vielfalt, Stuttgart 2019[10].

56 Hans Joas: Braucht der Mensch Religion? Über Erfahrungen der Selbsttranszendenz, Freiburg i. Br. u.a. 2004, 62; vgl. auch ausführlicher und theoretisch angereicherter ders., Die Macht des Heiligen. Eine Alternative zur Geschichte von der Entzauberung, Frankfurt/M. 2017[2], 423–446, bes. 436f.

57 Erklärung Dignitatis Humanae über die Religionsfreiheit, Nr. 3; in: Peter Hünermann (Hg.), Herders Theologischer Kommentar zum Zweiten Vatikanischen Konzil, Bd. 1, Freiburg i. Br. u.a. 2004, 436–458, 440. Dazu ausführlich neuerdings Matthias Sellmann/Björn Szymanowski (Hg.): Kirche als Dienstleisterin für religiöse Freiheit, Würzburg 2025.

58 Vgl. alle Informationen in der Vorbemerkung dieses Buches. Die Interview- und Comedyfilme entstammen der Theologischen Late-NightShow ‚Sellmanns Guter Abend' vom Oktober 2019. Man findet alle Infos und den Mitschnitt unterhttps://youtu.be/TX0z9tGxSo8. Hier auch ein Gespräch mit dem Parfümeur Marc vom Ende (43.50–48.33). Ein weiteres Produkt dieser Show war unsere Zusammenarbeit mit dem Experten für Johann Sebastian Bach, dem Kölner Dirigenten Christoph Spering. Mit ihm und dem Chorus Musicus Köln / Das Neue Orchester entstand ein Musikfilm zum Kirchenjahr im Spiegel der Werke Bachs. Der Link lautet: https://youtu.be/c_Xyx7bMu2E. Alles zu unserer zap:aerothek, also zur Umsetzung der Kurzformel in die Sprache von Raumdüften, findet man auf der Homepage des zap: https://zap-bochum.de/projekt/weil-mehr-als-weihrauch-moeglich-ist-die-zapaerothek/ Die Bilder des Elija-Zyklus hängen in der Benediktinerabtei Kornelimünster bei Aachen. Die Künstlerin heißt Janet Brooks Gerloff. Man findet die Abbildungen und eine spirituelle Erschließung unter https://abtei-kornelimuenster.de/spirituelles/ (Reiter: Bilder Janet Brooks-Gerloff) sowie in der Veröffentlichung: Wolfgang Acht, Albert Altenähr, Wilhelm Jansen: Gottsuche. Meditationen zu Bildern von Janet Brooks Gerloff in der Klosterkirche von Kornelimünster und in der Kirche St. Laurentius zu Aachen-Laurensberg, Aachen, Einhard Verlag, 2004. Die Bilder als Abdruck sowie ausführliche Informationen zu allen fünf Umsetzungen des Dreischritts von *physis, kenosis* und *dynamis* enthält das schon erwähnte Buch Matthias Sellmann: Geistliche Klugheit als Lebenskompetenz. Fundierungen einer Kurzformel des christlichen Glaubens, Würzburg 2021.

59 Nur am Rande: Es liegt nahe, die geistliche Kraft der *physis*-Kompetenz vor allem an negativen Lebensereignissen zu veranschaulichen. Man sollte aber auch das andere, das Schöne und Gelingende, nicht unterbelichten. Dieses mag oft keinen Anlass zum Wegrennen bieten, sondern eher zum Bleiben. Aber auch hier braucht es eine Form von Klugheit, die nun auch das Schöne und Gelingende nicht überhöht, idealisiert und normiert. Auch das wäre eine Art Flucht.

60 Ich paraphrasiere hier einen der wertvollsten geistlich-theologischen Texte, die ich kenne: Karl Rahner: Erfahrung des Heiligen Geistes, in: ders., Schriften XIII, 239–241.

61 Vgl. als Einführung in Bonhoeffers Leben und Werk Christiane Tietz: Dietrich Bonhoeffer. Theologe im Widerstand, München 2013; sowie Ferdinand Schlingensiepen: Dietrich Bonhoeffer. 1906–1945. Eine Biographie, München[3] 2013. Der folgende Gedankengang ist ausführlich entfaltet im Bonhoeffer-Kapitel aus: Sellmann, Geistliche Klugheit, a. a. O., S. 190–226. Hier sind auch alle folgenden Zitate einzeln belegt; sie entstammen Band 8 der DBW (= Dietrich Bonhoeffer Werke), Gütersloh 1998, herausgegeben vom Ehepaar Bethge und Christian Gremmels. Der Titel des Bandes lautet: „Widerstand und Ergebung. Briefe und Aufzeichnungen aus der Haft." Der fast 800 Seiten starke Band ist reich kommentiert und ergänzt durch eine fast minutiöse Chronik der Ereignisse, ein ausführliches Sach- und Personenregister und gute Ein- und Ausleitungen.

62 Zum Anschauen der Bilder googeln Sie die Begriffe ‚abtei kornelimünster' und ‚elija'. Zu *physis* passen die ersten beiden Bilder, „Verzweiflung" und „Ermutigung".

63 Vgl. Matthias Sellmann: Der Reichtum der Großzügigkeit, oder: Systematische Engagementförderung als neu entdecktes Wirkungsfeld kirchlicher Arbeit, in: Pastoralblatt H. 2/2020, 46–53.

64 Vgl. https://www.fokolar-bewegung.de/seite/daten-und-fakten (Zugriff August 2020). Zu Chiaras Biografie vgl. jetzt Bernd Aretz: Chiara Lubich. Ein Leben für die Einheit, München 2019, 9–62; für die Theologie vgl. vor allem Stefan Tobler: Jesu Gottverlassenheit als Heilsereignis in der Spiritualität Chiara Lubichs. Ein Beitrag zur Überwindung der Sprachnot in der Soteriologie, Berlin/New York 2001; sowie Stefan Ulz: Dreifaltigkeit leben. Trinitarische Anthropologie bei Chiara Lubich, Würzburg 2019. Gut zugängliche O-Töne in Chiara Lubich: Die Welt wird eins. Franca Zambonini im Gespräch mit der Gründerin der Fokolar-Bewegung, München u. a. 1991. Vgl. ausführlich Sellmann, Geistliche Klugheit, a. a. O., 236–285.

65 Vgl. ausführlich bei Tobler, a. a. O., 79–188.

66 Ganz gemäß ihrem sehr dynamischen Denk- und Redestil hat Chiara Lubich diese „Kunst des Liebens" in mannigfachen Varianten und bei sehr vielen Gelegenheiten entwickelt. Sie bezieht sich dabei auch auf Erich Fromms bekanntes gleichnamiges Buch. Zitierbare Niederschläge finden sich etwa bei Tobler, a. a. O., 102–106; Klaus Hemmerle:

Glauben – wie geht das? Wege zur Mitte des Evangeliums, Freiburg u.a. 1978, 66–68.

67 Zum Anschauen der Bilder googeln Sie die Begriffe ‚abtei kornelimünster' und ‚elija'. Zu kenosis passen die Bilder 2 „Ermutigung" und 3 „Hören".

68 Zu Madeleine Delbrêl vgl. als ersten Einstieg: Annette Schleinzer: Die Liebe ist unsere einzige Aufgabe. Das Lebenszeugnis von Madeleine Delbrêl, Ostfildern² 2015; Katja Boehme: Madeleine Delbrêl. Die andere Heilige, Freiburg i. Br. u. a. 2004. Gut zugängliche O-Töne in Rosemarie Nürnberg: Ergriffen von Gott. Exerzitien mit Madeleine Delbrêl, München u. a. 2010.

69 Auch hier wird auf die Dokumentation der genauen Belegstellen verzichtet. Dieses und alle folgenden Zitate (außer der folgenden Fußnote) sind dem bereits genannten Buch von Katja Böhme entnommen. Im ausführlichen Buch (Sellmann, Geistliche Klugheit, a. a. O., S. 304–322.) sind alle Stellen eindeutig zugeordnet.

70 Schleinzer, a. a. O., 69. Dort auch das folgende Zitat.

71 Frei nach Madeleine Delbrêl: Der kleine Mönch, Freiburg i. Br. 2007, 29.

72 Nach Madeleine Delbrêl: Fahrradspiritualität, in: dies.: Gott einen Ort sichern. Texte – Gedichte – Gebete, ausgewählt, übersetzt und eingeleitet von Annette Schleinzer, Kevelaer 2007, 163f, 164.

73 Zum Anschauen der Bilder googeln Sie die Begriffe ‚abtei kornelimünster' und ‚elija'. Zu *dynamis* passen die Bilder 3 „Hören" und 4 „Zuversicht".